Redwitz waldung

Auffprung des Seegbachs

Trockacher hayligholtz

Hous abm Zwinck S

Redwitz arme leuthe

Seegbach N

Dorff Weils K

Trast Haubtenloe L

Steinbruch

Haus Rosenberg

Bernd 20.11.93

Machilek/Wollner   Kronach
Die Dreiflüssestadt im
Frankenwald

Bayerische Städtebilder

Altbayern

Franken

Schwaben

herausgegeben von
Konrad Ackermann und Manfred Pix

Franz Machilek / Bernd Wollner

Kronach
Die Dreiflüssestadt im
Frankenwald

Deutscher Sparkassenverlag

Die Deutsche Bibliothek – CIP-Einheitsaufnahme

Machilek, Franz:
Kronach : die Dreiflüssestadt im Frankenwald / Franz Machilek; Bernd Wollner.
[Hrsg.: Konrad Ackermann und Manfred Pix
im Auftr. des Bayerischen Sparkassen- und Giroverbandes].-
Stuttgart : Dt. Sparkassenverl., 1993
(Bayerische Städtebilder : Franken)
ISBN 3-09-303803-0
NE: Wollner, Bernd:

Die Kapitel über die Geschichte Kronachs auf den Seiten 9 bis 46 und 59 bis 63 schrieb Dr. Bernd Wollner, das Kapitel über die kirchlichen Verhältnisse auf den Seiten 47 bis 58 Professor Dr. Franz Machilek.

Herausgeber:
Konrad Ackermann und Manfred Pix
im Auftrag des Bayerischen Sparkassen- und Giroverbandes

Projektleitung und Redaktion:
Konrad Ackermann und Ingo Krüger

Lektorat: Wilfried Sehm
Herstellung: Karin Dechow
Satz: Utesch Satztechnik GmbH, Hamburg
Druck und Verarbeitung: Fränkischer Tag GmbH & Co. KG, Bamberg
Papier: 150 g/m² BVS matt, chlorfrei gebleicht

© Sparkasse Kronach-Ludwigstadt, 1993

Verlag:
Deutscher Sparkassenverlag GmbH, Stuttgart
ISBN 3-09-303803-0

Inhalt

Geleitworte	6
Kronach – eine Dreiflüssestadt	9
Die Anfänge Kronachs	11
Kriege und Belagerungen	17
Der Dreißigjährige Krieg und der Ausbau der Festung Rosenberg	22
Ein neues Zeitalter	32
Kleine Wirtschaftsgeschichte des Kronacher Raums	38
Kronach im 20. Jahrhundert	44
Die kirchlichen Verhältnisse und das religiöse Leben	47
Kronacher Besonderheiten – besondere Kronacher	59
Ausgewählte Literatur	64
Bildnachweis	66

Geleitwort

Die Stadt Kronach und ihr Umland werden durch ihre Geschichtsträchtigkeit entscheidend geprägt. Kronach und seine Festung Rosenberg waren und sind untrennbar miteinander verbunden. Vorliegender Band füllt ein Desiderat in der Kronacher Geschichtsschreibung: eine kurze, gut lesbare und – vor allem – verständliche Beschreibung des Weges unserer Heimat durch die Jahrhunderte.

Dafür danken wir zuallererst der Sparkasse Kronach-Ludwigsstadt, die anläßlich der Eröffnung ihrer neuen Hauptstelle in der Kulmbacher Straße die Herausgabe dieses Bandes in der Reihe der „Bayerischen Städtebilder" initiiert und ermöglicht hat. Bemerkenswert ist daran vor allem, daß mit der „Dreiflüssestadt im Frankenwald" der erste Band aus Franken vorliegt. Mit ihrem neuen Gebäude setzt auch die seit 1992 vereinigte Sparkasse des Landkreises Kronach einen besonderen Akzent im Stadtbild Kronachs. Sie zeigt, daß sie bestens sowohl für die durch die deutsche Einheit wie durch den eingeführten Binnenmarkt entstandenen Aufgaben gerüstet ist.

Besonderer Dank gilt natürlich auch den beiden Autoren dieses Werkes. Professor Dr. Franz Machilek ist als Leiter des Staatsarchives Bamberg ein profunder Kenner der fränkischen Geschichte und durch viele Veröffentlichungen bekannt. Doch auch die „junge Generation" kommt hier zu Wort. Dr. Bernd Wollner, ein „echter Kronacher", bringt uns die Geschichte unserer Heimatstadt sachkundig und überzeugend näher, kenntnisreich und zukunftsweisend. Möge dieser sehr ansprechende Band ebenso großen Anklang finden wie die „neue Sparkasse" in Kronach.

Kronach, im Juli 1993

Manfred Raum
1. Bürgermeister der
Lucas-Cranach-Stadt Kronach

Geleitwort

„Über jedem guten Buch muß das Gesicht des Lesers von Zeit zu Zeit hell werden." Diese von Christian Morgenstern beobachtete Wirkung möge auch zutreffen für das vorliegende Werk, das zweifelsohne eine Bereicherung der heimatgeschichtlichen Literatur über das liebenswerte Kronacher Land mit seiner reizvollen Kreisstadt darstellt. Erhellen wird diese fundierte Arbeit ganz sicher wichtige Ereignisse und Entwicklungen in den verschiedenen Epochen unserer Lokalhistorie. Im Lichte der Geschichtsschreibung wird nicht nur das Wissen über unsere engere Heimat vertieft, sondern auch die Wertschätzung für und Bindung an sie verstärkt.

Deshalb gilt allen, die zum Zustandekommen dieses Buches beigetragen haben, mein verbindlicher Dank. Daß sich die Sparkasse Kronach-Ludwigsstadt in Verbindung mit dem Bayerischen Sparkassen- und Giroverband auf diesem Gebiet engagiert, entspricht ganz der alten Tradition des Sparkassenwesens, das sich von Anbeginn an den Interessen des Gemeinwesens orientierte. Die gut gelungene Buchreihe „Bayerische Städtebilder" ist ein weiterer Beleg dafür, daß die in einer Ministerialentscheidung von 1874 getroffene Feststellung stimmt: „Der Vortheil, welchen eine Gemeinde durch die wohlthätigen Wirkungen einer richtig betriebenen Sparkasse ... empfängt, ist mehr wert als ein Geldgewinn."

Die ansprechend aufbereitete „Stadt- und Umlandgeschichte" schreibt somit zugleich auch ein kleines Stück Sparkassengeschichte. Daß Geschichte nie abgeschlossen ist, sondern immer auch in die Gegenwart, ja selbst in die Zukunft hineinwirkt, hat Hans von Keler mit den Worten umschrieben: „Geschichte ist nicht nur Geschehenes, sondern Geschichtetes – also der Boden, auf dem wir stehen und bauen." Damit unser Bauen und Gestalten, Arbeiten und Wirken den Herausforderungen der vor uns liegenden Zeit gerecht wird, können die Lehren aus der Vergangenheit nützlich und hilfreich sein. In diesem Sinne wünsche ich der Kronacher Ausgabe der „Bayerischen Städtebilder" – dem ersten Band über eine fränkische Stadt – eine allseits gute Resonanz.

Kronach, im Juli 1993

Dr. Werner Schnappauf
Landrat des Landkreises Kronach

Die Stadt Kronach.
Uraufnahme 1843

Kronach – eine Dreiflüssestadt

Am Fuß des Frankenwaldes, wo sich an seinen südwestlichen Ausläufern der Wald gegen das Land am Main hin öffnet, liegt Kronach. Die drei Flüsse Haßlach, Rodach und – namengebend für die Stadt – Kronach treffen dort zusammen und fließen als Rodach dem Main zu.

Die Stadt beeindruckt schon von weitem durch ihren berühmten dreistufigen Stadtaufbau: Untere Stadt, Obere Stadt und Festung Rosenberg. Diese Ansicht läßt sich am besten genießen, wenn man von Süden, von Bamberg aus, das Rodachtal heraufkommt. Die Untere Stadt mit den ehemaligen Vorstädten und den modernen Erweiterungen breitet sich in den Flußtälern aus. Darüber liegt auf einem schmalen Bergsporn zwischen Haßlach und Kronach die Obere Stadt, fest umschlossen von einer fast vollständig erhaltenen Stadtmauer. Der krönende Abschluß des Stadtbildes und Kronachs Wahrzeichen aber ist die Festung Rosenberg, mit mehr als 23 Hektar eine der größten erhaltenen Festungsanlagen in Deutschland.

Kronachs bergige Lage vereinigt in sich die städtebauliche Schönheit mit der Faszination, die von seiner über ihr thronenden Festung Rosenberg ausgeht. Stadt und Festung gehörten schon immer zusammen, und Kronach hätte seine Bedeutung nie ohne Rosenberg erreicht: Kronachs Geschichte ist zugleich die Geschichte seiner Burg. Durch diese gewaltige Militäranlage wurde die Stadt immer wieder in bekannte und weniger bekannte kriegerische Streitigkeiten einbezogen. Ob unter den Hussiteneinfällen im 15. Jahrhundert, den Auseinandersetzungen des Napoleonischen Zeitalters zu Beginn des 19. Jahrhunderts oder in dem für die Stadt so bedeutungsvollen Dreißigjährigen Krieg (1618–1648) mit seinen schweren Belagerungen – Kronach litt unter den Kriegen, aber es wurde auch berühmt durch sie.

Die Stadt galt als der nördliche Eckpfeiler der bambergischen Landesverteidigung. Kronach war, neben Forchheim im Süden, eine der Hauptstädte des Fürstbistums Bamberg und diente wiederholt als Zufluchtsort für die Bischöfe und ihren Domschatz. Stadt und Festung wurden im Laufe ihrer wechselvollen Geschichte oft von Feinden belagert, aber keinem Fremden gelang es – von der amerikanischen Besetzung 1945 abgesehen –, sie einzunehmen.

Da Kronach nie erobert oder schwerwiegend zerstört wurde, hat es sich über die Jahrhunderte hin seinen spätmittelalterlichen Charakter bewahrt, und der Charme dieser romantischen Stadt fasziniert ihre Besucher immer wieder aufs neue.

Heute ist Kronach ein bedeutender Industriestandort der Region Frankenwald und bildet jetzt nach der Wiedervereinigung ein wichtiges Bindeglied zwischen Süd- und Mitteldeutschland. Es liegt wieder im Herzen Deutschlands, genau auf halber Wegstrecke zwischen München und Berlin.

Das Ensemble Kronach und Rosenberg gilt als das Tor zum Frankenwald und wird von den Ausläufern dieses Mittelgebirgszuges umrahmt. Die Stadt selbst hat noch ein

Kronach mit seinem dreistufigen Stadtaufbau: Untere Stadt – Obere Stadt – Festung Rosenberg

Kronach. Stadtaufbau mit Steinwehr

günstigeres Klima als die hinter ihr ansteigenden Hochflächen. Mit 309 Meter über NN (Bahnhof) und 370 Meter über NN (Festungstor) liegt Kronach nur wenig höher als Bamberg, aber jeder, der von dort kommt, wird merken, daß die Vegetation hier um einiges später im Jahr zur Entfaltung kommt. Scherzhaft wird der Frankenwald manchmal auch „Bayerisch Sibirien" genannt (sechs Monate Winter und sechs Monate kalt!), aber gerade dieser etwas rauhe Charakter macht den eigenwilligen und liebenswerten Charme der Landschaft und ihrer Bevölkerung aus.

Die Anfänge Kronachs

Wann in der Umgebung der heutigen Stadt Kronach die frühesten Siedlungsplätze entstanden, entzieht sich unserer Kenntnis. Sicher ist aber, daß sich schon in der Altsteinzeit, vor ca. 80 000 Jahren, hier Menschen aufhielten, wie durch eine Vielzahl von Funden nachgewiesen werden kann.

Daß Kronach aber nicht erst mit den Anfängen der Festung Rosenberg als strategisch günstiger Platz erkannt wurde, dafür spricht eine andere, in der Nähe gelegene Befestigungsanlage: die Heunischenburg.

Diese Anlage auf dem Wolfsberg, ca. drei Kilometer westlich von Kronach, liegt auf einem hohen Bergsporn und bedeckt eine Fläche von fast eineinhalb Hektar. Hielten die Archäologen diese Befestigung zunächst für weitaus jünger, so stellte sich bei den Ausgrabungen 1983 bis 1987 heraus, daß es sich um eine bedeutende Anlage aus der Urnenfelderzeit (1200–750 v. Chr.) handelt, die von einer der ältesten archäologisch ergrabenen Steinmauern Mitteleuropas umgeben ist.

Der Ursprung der Besiedlung der Heunischenburg ließ sich in das 11. Jahrhundert v. Chr. datieren, ihre Steinbefestigung in die Wende des 10. auf das 9. Jahrhundert v. Chr. Schon in der ersten Bauphase überquerte den gesamten 110 Meter breiten Bergsporn eine Steinmauer, die im Hangbereich mit hölzernen Palisaden weiterführte. Nachdem diese erste Anlage – wohl im Zuge kriegerischer Auseinandersetzungen – zerstört worden war, errichtete man eine erheblich stärkere Befestigung mit Mauern von 2,6 Metern Breite und 3,5 Metern Höhe. Damit gilt die Heunischenburg, trotz ihrer relativ geringen Größe, als weitaus stärker befestigt als alle großen Anlagen der näheren Umgebung in dieser Zeit. Es muß sich also um einen bedeutenden Stützpunkt gehandelt haben.

Die weitgehend spätumenfelderzeitlichen Bronzefunde wie Schwertstücke, Pfeilspitzen, Messer und Lanzenspitzen machen deutlich, daß es sich um eine rein militärische Anlage handelte. Besonders bemerkenswert ist eine mit Kupfer und dem damals noch seltenen Eisen eingelegte Lanzenspitze – wohl das Würdezeichen eines vornehmen Kriegers. Etwa in die gleiche Zeit zu datieren ist der vorzüglich gearbeitete Helm von Thonberg (nahe Kronach, ca. fünf Kilometer südöstlich des Wolfsberges), den man zu Anfang dieses Jahrhunderts fand und dessen Original im Germanischen Nationalmuseum in Nürnberg aufbewahrt wird. Auch er könnte zur Ausstattung eines Würdenträgers von der Heunischenburg gehört haben.

Die Anlage selbst diente nach Ansicht der Archäologen als vorgeschobener Brückenkopf oder als Schutz einer Handelsstraße für einen im Westen Kronachs lebenden Stammesverband. Man nimmt an, daß sich das zur Befestigung gehörige Siedlungszentrum auf dem Großen Gleichberg in Südthüringen befand, der ca. 70 Wegekilometer von der Heunischenburg entfernt liegt. Ende des 9. Jahrhunderts v. Chr. ging die Wehranlage im Zuge kriegerischer Auseinandersetzungen unter.

Rekonstruierte Wehrmauer mit Torsituation auf der Heunischenburg, 9. Jahrhundert v. Chr.

Der Torbereich und ein Teil der dreischaligen Mauer wurden mit Originalsteinen nach Ende der Ausgrabungen rekonstruiert und geben so auch heute noch jedem Besucher einen faszinierenden Eindruck von der Mächtigkeit dieser Anlage. Ein ausgewählter Teil der Fundgegenstände und weiterführende Informationstafeln können im Frankenwaldmuseum auf der Festung Rosenberg in Kronach besichtigt werden.

Das Jahr 1003 und seine Bedeutung für Kronach

Die erste schriftliche Nachricht über die *urbs crana,* also die erste Erwähnung des Ortes Kronach, wird für das Jahr 1003 tradiert. Thietmar, Bischof von Merseburg und Chronist des späteren Kaisers Heinrich II., schildert in seiner Chronik dessen Auseinandersetzung mit einem anderen Heinrich II., genannt Hezilo, dem Markgrafen des Ratenzgaues, zu dem das Gebiet um Kronach gehörte. Thietmar war ein enger Gefolgsmann und überzeugter Anhänger Kaiser Heinrichs, und seine Aufzeichnungen können als weitgehend authentisch angesehen werden.

Um die Hintergründe der Zerstörung Kronachs 1003 zu verstehen, muß man etwas weiter ausholen: Die sogenannte Babenberger Fehde, ausgetragen 903 bis 906 zwischen den Konradinern und den älteren Babenbergern, den damals in dieser Region mächtigsten Geschlechtern, entschied die Rechtsnachfolge im Ostfränkischen Reich zugunsten der Konradiner. Die Nachfolger der im Zuge dieser Fehde untergegangen älteren Babenberger wurden nun die sogenannten jüngeren Babenberger, die Grafen von Schweinfurt. Diese trugen während des 10. Jahrhunderts systematisch vielerlei Besitzungen und Rechtstitel zusammen und übten als Amtsgrafen die öffentlich-rechtliche Gewalt, auch die hohe Gerichtsbarkeit, in ihren Gebieten aus. Darüber hinaus waren sie kolonisatorisch tätig und legten um ihre Mittelpunktburgen Ammerthal, Creußen und Kronach Rodungen an. Diese Verbindung von privat-grundherrlicher und öffentlich-rechtlicher Gewalt bildete die beste Voraussetzung, um eine weitgehend selbständige Herrschaft aufzubauen. Die Schweinfurter waren also, auch wegen ihrer Treue zum ottonischen Königshaus, auf dem besten Wege, den Grundstein zu einer Territorialherrschaft in großem Stil zu legen, die das heutige Oberfranken und weite Teile Nordostbayerns umfassen sollte.

Zur großen Wende im bis dahin guten Verhältnis zum Königshaus kam es, als der Schweinfurter Markgraf Hezilo bei der Wahl zum deutschen König im Jahr 1002 den Bayernherzog Heinrich unterstützte. Dieser hatte Hezilo für seine Hilfe vor allem das dann erledigte Herzogtum Bayern versprochen. Heinrich hielt sich aber nach seiner Wahl zum König nicht an die getroffenen Verabredungen. Er fürchtete wohl um die Verbindung zwischen seinen bayerischen Stammlanden und dem übernommenen ottonischen Hauptsitz im mittel- und niederdeutschen Raum. Ein weiterer Grund, wahrscheinlich der Hauptgrund, für seine zurückgenommene Zusage war wohl auch, daß Heinrich das entstehende

Machtzentrum des Markgrafen verhindern wollte, das dann ja von der bayerischen Ostmark bis an den Main gereicht hätte.

So getäuscht trat Hezilo in den Kampf mit seinem König, wurde aber von ihm zurückgeschlagen und floh zunächst auf seine Burgen Ammerthal bei Amberg und Creußen bei Bayreuth. Als er sich auch noch von hier zurückziehen mußte, blieb ihm als Fluchtpunkt nur noch seine Besitzung *urbs crana*. Thietmar berichtet darüber in seiner Chronik: „Rex autem ad Cranam hostes insecutus fugientem, lenivit in hoc suimet animam, quod agnovit se inimicum in destruendis preoccupasse." Als Hezilo also erkannte, daß er sich auch in Crana nicht wirkungsvoll verteidigen konnte, brannte er seine eigene Besitzung nieder und floh nach Böhmen zu dem sich dort aufhaltenden polnischen Herzog Boleslaw Chrobry.

Doch schon ein Jahr später, 1004, unterwirft sich der Markgraf wieder dem Kaiser und erhält seine Eigengüter zurück, darunter auch Kronach. Heinrich II. fehlte es offenbar an Macht, dem in Ungnade Gefallenen und seiner Familie auch die immer noch sehr umfangreichen Privatbesitzungen zu nehmen, und er zog es deshalb vor, sich mit dem Schweinfurter wieder zu versöhnen.

Unklar bleibt in der Beschreibung Thietmars, wie diese *urbs crana* ausgesehen hat. Handelte es sich nur um eine Burganlage, nur um eine Ortschaft oder um eine Burg mit zugehöriger Siedlung? Letztere Annahme dürfte die Situation wohl richtig beschreiben, und man darf annehmen, daß sich die Burganlage auf dem Bergsporn zwischen Haßlach und Kronach befand, während der Kern der Siedlung östlich davon an der Kronach lag. Kaum anders ist der Name des Ortes Crana-Kronach zu erklären. Die Reste des alten Kronach und seiner Burg sind aber, zumindest obertägig, völlig abgegangen, und den Archäologen ist es bis jetzt noch nicht gelungen, Spuren dieser frühen Besiedlung zu entdecken.

Salische Scheibenfibel, um 1050, gefunden 1992 bei der Ausgrabung in der Nähe von Friesen

Möglicherweise kann eine erst kürzlich entdeckte Anlage in der Nähe Kronachs weiteren Aufschluß über die *urbs crana* geben. 1991/92 fand man nahe Friesen, ca. fünf Kilometer nördlich von Kronach, auf einem Hügel die Fundamente eines Turmes mit 9 mal 11 Metern bei einer Mauerstärke von 2,20 Meter. Bei dieser Grabung kam u. a. neben Keramikresten des 8. bis Ende des 12. Jahrhunderts auch eine salische Scheibenfibel zum Vorschein, die einer Goslarer Münze Heinrichs III. nachgebildet ist. Sie stellt für Süddeutschland ein bisher nahezu einmaliges Stück dar, denn die insgesamt nur zwölf bekannten Exemplare wurden meist im Norden Deutschlands gefunden. Die in die Zeit um 1050 datierbare Fibel zeigt auf der Vorderseite das stark stilisierte Porträt eines Königs und auf der Rückseite zwei Lötstellen, an denen der Befestigungsmechanismus angebracht war.

Die Turmanlage bei Friesen ist in den schriftlichen Quellen bisher nicht nachweisbar, und ihr Bezug zu Kronach ist noch völlig offen. Bemerkenswert erscheint jedoch, daß sie wohl an einer Altstraße liegt, für die sie Schutz- und Zollfunktion ausgeübt haben dürfte – möglicherweise ebenfalls als Eigenbesitzung der Schweinfurter Markgrafen.

Doch betrachten wir die weitere Entwicklung Kronachs, soweit sie uns aus den vorliegenden Quellen bekannt ist. Schon unter dem Sohn des Markgrafen Hezilo, dem Herzog Otto, erlischt das Schweinfurter Haus im Jahre 1057 in der männlichen Linie, und das Gebiet um Kronach gelangt in neue Hände: Wohl als Mitgift bringt es Ottos Tochter mit in die Ehe, die sie mit Břetislaw von Mähren schließt. Ihr Enkel wiederum, Udalrich von Mähren, tritt 1099 das weit von seinem Stammsitz entfernte Land an Kaiser Heinrich IV. (reg. 1056–1106) ab, der es seinerseits an seinen Sohn, Heinrich V. (reg. 1086–1125), vererbt. 1122 schließlich erhält Bischof Otto I. der Heilige (reg. 1102–1139), von ihm das *praedium Chrana* als Gegenleistung für seine Hilfe am Zustandekommen des Wormser Konkordates, mit dem das Ringen zwischen Kaiser und Papst um die Vormachtstellung im Reich zumindest ein vorläufiges Ende gefunden hatte.

Leider ist in dieser Schenkungsurkunde an Bischof Otto über das *praedium Chrana,* also das gesamte Gebiet bis zum Rennsteig, nichts über den Ort Crana erwähnt. Wurde 1003 nur die Burg zerstört? Wurde auch der Ort niedergebrannt? Wurde Crana nach seiner Zerstörung 1003 wieder – oder weiter – besiedelt oder nach 1122 neu aufgebaut?

Stadtwerdung und Ursprünge der Festung Rosenberg

Die *Relatio de piis operibus Ottonis episcopi Bambergensis* aus dem Benediktinerkloster Michaelsberg in Bamberg, wohl bald nach Ottos Tod verfaßt, beschreibt, wie der Titel verrät, die frommen Werke des Bamberger Bischofs Otto I. des Heiligen. In der Aufzählung erwähnenswerter Taten werden auch Bauten in Kronach genannt: „Nunc videnda sunt aedificia seu basilicae in externis locis extructae... apud Chrana domum lapideam et turrim." (Nun sind in auswärtigen Orten Gebäude oder Kirchen anzutreffen... bei Chrana ein steinernes Haus und Turm.) Da man bis ins 12. Jahrhundert auch wichtige Bauten wie Burgen und Kirchen häufig aus Fachwerk errichtete, war ein solches steinernes Haus, noch dazu in einer so unwirtlichen Gegend, eine erwähnenswerte Tatsache, eine Merk-Würdigkeit. Bis jetzt konnte noch kein archäologischer Nachweis geführt werden, wo dieses erwähnte steinerne Haus mit Turm sich genau befand. Grabungen an verschiedenen Stellen der Oberen Stadt und in der Umgebung des Bergfrieds der Festung zeigten keine Spuren davon. Ob mit der Beschreibung in der *Relatio* die Turmanlage bei Friesen oder die Ursprünge des Schlosses Rosenberg oder ein anderes, 1430 noch erwähntes, dann aber abgegangenes Schloß gemeint sein könnte, muß derzeit noch völlig offen bleiben. Immerhin gibt uns das „apud" = „bei" einen Hinweis darauf, daß es den Ort Crana wohl noch gab, die Ansiedlung nach 1003 also nicht völlig aufgegeben wurde.

Doch auch nachdem das Gebiet um Kronach an die Bischöfe von Bamberg gekommen war, fehlte diesen ein wichtiger Teil der Herrschaftsrechte, besonders die Gerichtsbarkeit, da die Vogtei noch in fremden Händen lag. Wie die Adelsgeschlechter mußte auch der Bischof, wollte er eine Territorialherrschaft errichten, diese beim Heimfall der Lehen gegen erstarkende, nachrückende Geschlechter sichern. Im Falle Kronachs – 1152 wird der Name der Ansiedlung mit „Cranaha" beurkundet – kam dieses Problem bald auf den Bischof von Bamberg zu. Vogteirechte hatten zu diesem Zeitpunkt die Grafen von Abenberg, und Graf Rapoto war der erste nachweisbare Vogt dieses Geschlechtes. Friedrich der Jüngere, der letzte Abenberger, wollte 1189 eine Reise ins Heilige Land unternehmen, hatte aber nicht genügend Mittel dafür bereit. Um die nötigen Gelder doch noch zu beschaffen, verpfändete er die Vogtei über Kronach an das Bamberger

Domkapitel. Als das Geschlecht mit ihm erlosch, ging die Vogtei an die Herzöge von Andechs-Meranien über.

Die Andechs-Meranier hatten durch Heiratspolitik Gebiete am Obermain gewonnen und sicherlich auch die bauliche und städtische Entwicklung Kronachs mitbestimmt und stark gefördert. Aus ihrer Familie kamen zu dieser Zeit drei Bamberger Bischöfe: Otto II. (reg. 1177–1196), Ekbert (reg. 1203–1237) und Poppo (reg. 1237–1242). Der Meranische Besitzkomplex reichte von Bayreuth bis Baunach samt der als Bamberger Lehen übertragenen Ratenzgau-Grafschaft. Die Meranier hatten sich während ihrer Herrschaft eine zahlreiche Ministerialität geschaffen und ältere Familien in ihren Machtausbau eingeschlossen. Als nun um 1250 die letzten Andechs-Meranier starben, entbrannte Streit um ihren Nachlaß. Unter den Erben, den ursprünglich aus dem fränkisch-schwäbischen Grenzgebiet stammenden Grafen von Truhendingen, den über Nürnberg ausgreifenden Hohenzollern, den thüringischen Orlamünde und dem Bischof von Bamberg kam es zu weitreichenden Auseinandersetzungen, in die auch Kronach verwickelt wurde. Im Jahre 1246 hatte der Bamberger Bischof Heinrich von Bilversheim Kronach verpfändet, und zwar an Otto von Schaumberg. Der Kirchenfürst war nämlich in die Gefangenschaft des von Kefernburg geraten und brauchte dringend Geld, um sich auszulösen. Nachdem Heinrich sich wieder in Freiheit befand, versuchte er, seine Besitzungen erneut zurückzubekommen und erreichte auch ein päpstliches Privileg darüber. Durch diesen Streit wird die erste urkundliche Erwähnung des Namens „Rosenberg" in der Bulle Papst Innozenz' IV. (reg. 1243–1254), datiert in Lyon am 12. Juni 1249, tradiert. Darin befiehlt der Papst, daß Otto von Schaumberg die ihm verpfändeten Besitzungen „de Cranach et de Rosenberc" wieder an den Bischof zurückgibt. Beim Einzug der Vogteien in dieser Erbschaftsangelegenheit weigerte sich Otto jedoch, sein Pfand einfach her-

Urkunde aus dem Jahre 1400. Fürstbischof Albrecht von Wertheim (reg. 1399–1421) verleiht der Stadt Kronach das Recht, eine Abgabe auf Getränke zu erheben

auszugeben und übertrug es an die Grafen Otto und Hermann von Orlamünde. Der Streit wurde erst Jahre später, im Langenstadter Vertrag vom 14. Dezember 1260, beigelegt. Bischof Berthold (reg. 1257–1285) bekam Kronach und seine Rechte daraufhin zurück. Hier findet sich der erste urkundliche Hinweis, daß sich ein „Castrum" auf dem Rosenberg befand. Alle fremden Vogteirechte verfielen, und Cranach kam an das Bistum Bamberg zurück.

Diese Urkunde bringt ein weiteres interessantes Detail für Kronach: Es werden nämlich ausdrücklich „cives", also Bürger einer „civitas" = „Stadt" erwähnt. Hätte einer der Pfandinhaber seit 1249 in Chranach die Bewohner privilegiert, wäre darauf im Langenstadter Vertrag eingegangen worden. Man muß daraus schließen, daß Kronach vor dem Jahre 1249 bereits städtische Rechte – wenn auch wohl recht summarisch – aufzuweisen hatte.

Die Bischöfe vergaben von nun an nur noch die Burghut, also die Verteidigung der Anlage in Not- und Kriegszeiten, anstatt des sonst üblichen Lehensdienstes. Erst als die Besitzverhältnisse so weit geklärt waren, erfolgte unter der bischöflichen Herrschaft der weitere Ausbau des Ortes Kronach. Das städtische Leben blühte auf, Handwerk, Gewerbe und Handel nahmen Aufschwung, und reger Verkehr nach Süden und Westen, aber auch nach Norden und Osten in den Frankenwald und das Vogtland setzte ein.

Kronach als bischöfliche Stadt

Bereits 1323/28 wurde als Bestandsaufnahme und erster Versuch einer Einteilung des Bistums ein Hochstiftsurbar angelegt, dem dann 1348 das berühmte Rechtsbuch des Bischofs Friedrich von Hohenlohe folgte. Nach der Beschreibung des Amtes Crana 1323/28 war Chunrad von Seibelsdorf und Schmölz Burghüter auf Rosenberg und Kronach wird erstmals als eine ummauerte Stadt mit Vorstädten bezeichnet; die Zahl der bebauten Hofstätten wird 1348 mit 42 ½ angegeben.

Im Jahre 1384 bekommt die Stadt vom Fürstbischof Lamprecht von Brunn (reg. 1374–1399) eine Stadtordnung, nach der nun jährlich zwei Bürgermeister gewählt werden dürfen. Die Bürgermeister bestimmen zehn Schöffen, einen elften der Bischof. Zunächst von der Stadtverwaltung ausgeschlossen blieben die Vorstädter. Erst 1439 gelang es ihnen durchzusetzen, daß auch sie das Recht zugestanden erhielten, selbst zwei weitere Schöffen zu wählen.

Da Kronach an der wichtigen Handelsstraße von Nürnberg nach Erfurt bzw. Leipzig lag, hatte der Bischof schon 1357 in Kronach eine Zollstätte errichtet, und seit 1390 erhob er Geleitgeld von beladenen Wagen. Diese Einnahmen stellten einen bedeutenden finanziellen Aspekt für die bischöfliche Kasse dar. Die Erhebung einer Abgabe auf alle Getränke bewilligte der Bischof im Jahre 1400, damit auch Mittel für den nötigen Ausbau der Stadt und ihrer Bewehrung in die Stadtkasse kamen. Kronach scheint das Geld richtig angelegt zu haben, denn eine in diesem Jahre erlassene Verordnung wegen der Feuergefahr durch zu nahe an die Stadtmauer gebaute Häuser zeigt, daß die Bebauung beträchtlich zugenommen hat.

Auch die Verwaltung der Burg war in dieser Zeit einigen Veränderungen unterworfen. Die Amtsbeschreibung von 1348 nennt verschiedene Ritter in der Aufgabe der Burghut. Da das System der Burghut aber nicht optimal funktionierte, entschloß sich der Bischof dazu, die Festung mit einer ständigen Besatzung zu versehen. Von 1386 bis 1401 wurde diese Aufgabe von Ritter Heinrich von Schaumberg als „Hofmeister und Amtmann" wahrgenommen. Die Hauptmannschaft Kronach bildete sich ab 1411 heraus, als Wilhelm von Schaumberg mit seinem Sohn und seinen Brüdern Jörg und Heinrich auf Rosenberg saß.

Kriege und Belagerungen

Nach der Verbrennung des Prager Magisters Johannes Hus auf dem Scheiterhaufen zu Konstanz am 6. Juli 1415 radikalisierte sich die nach ihm benannte religiöse Bewegung der Hussiten und mündete wenige Jahre später in eine revolutionäre Bewegung ein. Hus war unter Zusicherung freien Geleits zum Konzil nach Konstanz gekommen, um seine Thesen zu verteidigen, hatte aber dort kein Gehör gefunden; weder Papst Martin V. noch König Wenzel IV. von Böhmen gelang es, der Bewegung Einhalt zu gebieten, in der sie einen Verstoß gegen die althergebrachte, göttliche Ordnung sahen. Diese galt es mit allen Mitteln zu verteidigen. Nach Ausbruch der Revolution organisierte König Sigismund mehrere Kreuzzüge gegen die „ketzerischen" Böhmen, die zum großen Teil aber mit militärischem Mißerfolg für das Reichsheer endeten.

Die Hussiten kommen

Besorgt über mögliche Einfälle der Hussiten in sein Bistum, ließ der Bamberger Bischof Friedrich III. (reg. 1421–1431) viele Burgen und Städte in seinem Territorium verstärken, darunter auch Kronach. Einen Angriff hatte die Stadt aber erst einige Jahre später zu überstehen, als die hussitischen Feldheere im Winter 1429/30 unter dem gefürchteten Prokop dem Großen ihren Feldzug gegen Franken antraten. Im Januar 1430 zogen sie über Plauen in unsere Gegend und plünderten unter anderem Hof, Münchberg, Bayreuth und Kulmbach. Dann erschienen sie auch vor Kronach; die geforderte Übergabe der Stadt wurde von den Verteidigern aber abgelehnt. Während der nun folgenden Kämpfe gelang es dem Feind, in die Vorstädte einzudringen und sich hier festzusetzen. Als letzte verzweifelte Abwehr entschieden sich die Bürger der Oberen Stadt, die Vorstädte in Brand zu setzen – und sie hatten Erfolg mit dieser Maßnahme: Die Hussiten zogen ab.

Die Bewohner der Vorstädte waren aber offenbar zu dieser Aktion nicht befragt worden, denn sie machten anschließend Ersatzansprüche für ihre erlittenen Verluste geltend. Nach längeren Streitigkeiten zwischen Ober- und Vorstädtern kam die Sache zur Verhandlung vor den Bischof nach Bamberg. Dieser erließ den Vorstädtern für zehn Jahre die Landsteuer und befreite sie außerdem für vier Jahre von der Stadtsteuer. Weiterhin verfügte der Bischof, daß die Vorstädter und andere Stiftsangehörige zukünftig in Notzeiten in die Obere Stadt eingelassen werden mußten.

Kurfürst Friedrich I. von Brandenburg, Burggraf von Nürnberg, der auch im Namen des Bamberger Bischofs Friedrich von Aufseß sprach, verhandelte mit dem Hussitenführer Prokop in Zwernitz und Böheimstein bei Pegnitz. Gegen Zahlung einer Kontributionssumme und der Zusage der Verkündigung der hussitischen Artikel wurden sie zum Abzug aus Franken veranlaßt. Erst nach der Niederlage des radikalen hussitischen Flügels 1434 kam es 1436 zu den Vereinbarungen von Iglau und zu deren Realisierung auf dem Basler Konzil und

Marienplatz in Kronach mit Stadtpfarrkirche, Rosenturm und dem von Johann Michael Küchel 1752 bis 1755 erbauten Pfarrhof

damit zum Ende der Hussitenkriege. Durch die Tapferkeit der Bürger blieb Kronach das Schicksal vieler anderer fränkischer Orte erspart, die von den Hussiten geplündert und zerstört worden waren. Der Name des Hussitenplatzes im Spitalviertel in Kronach erinnert noch heute an diese Zeiten.

Der Stadtgraben sollte nun, nach Abzug des Gegners, auf Befehl des Bischofs hin möglichst schnell bis zum „neuen Turm" (Strauer Torturm, 1864 niedergelegt) und bis unter den Rosenturm (Pfarrturm) geführt werden, denn man befürchtete, daß es erneut zu Einfällen aus Böhmen kommen könnte.

Die Erfahrungen des Hussitenkrieges hatten in den ruhigeren Zeiten des 15. Jahrhunderts den Ausbau des Rosenbergs zur Festungsanlage zur Folge. Die Weiterentwicklung der Schußwaffen machte auch technische Neuerungen im Burgenbau notwendig. Es entstand auf dem Rosenberg ein Gebäudeviereck um den inneren Schloßhof und der westlich vorgelagerte Zeughausbau aus massiven Quadersteinen; die gesamte Festung umgab man mit mehreren Basteien.

Auch die Stadt selbst erhielt weitere fortifikatorische Verstärkungen. Zu den schon im Laufe des 13. Jahrhunderts entstandenen und erst im 14. Jahrhundert teilweise verdoppelten inneren Ringmauern wurde nun im 15. Jahrhundert ein durchgehender zweiter, zum Teil sogar ein dritter Mauerring vorangesetzt, von der Stadt selbst mit Zuschüssen der jeweiligen Bischöfe finanziert. Unter dem Schutz dieser Mauern wuchsen die Vorstädte, Märkte wurden abgehalten, und der Handel, vor allem mit Holz, florierte. Der tägliche Bedarf der Stadt und des Umlandes wurde von der wachsenden Zahl der verschiedenen Handwerker in Kronach gedeckt.

Der Bauernkrieg in Kronach

Nach den ruhigeren Zeiten in der zweiten Hälfte des 15. Jahrhunderts berührte erst der Städter- und Bauernkrieg Kronach wieder direkt. Der Stadtvogt, der Rat und die Bürgerschaft beteiligten sich – nach einigem Zögern – direkt an dem Aufstand.

Doch zeichnen wir zunächst den Gang der Ereignisse nach: Nach mehreren kurzlebigen, lokalen Bewegungen und begrenzten Aufständen im mittel- und süddeutschen Raum zu Ende des 15. und Anfang des 16. Jahrhunderts schlossen sich immer mehr Bauern zusammen. Vor allem durch Martin Luthers neue Lehre glaubten sie sich unterstützt und forderten 1524 in ihren bekannten 12 Artikeln die Beseitigung der Unterdrückung, Rechtlosigkeit und Ausbeutung. Diese Forderungen, die sich nicht gegen den im Aufbau befindlichen Territorialstaat richteten, wurden von den Fürsten aber mit offener Empörung gegen die bestehende Ordnung gleichgesetzt.

Zunächst flammten die Aufstände im Schwarzwald auf und breiteten sich rasch nach Schwaben und Franken aus. Sie erreichten Würzburg, Bamberg und endlich auch Kronach. Das fränkische Hauptlager war in Hallstadt nahe Bamberg, von wo aus die Unruhen weitgehend organisiert und koordiniert bzw. stark beeinflußt wurden.

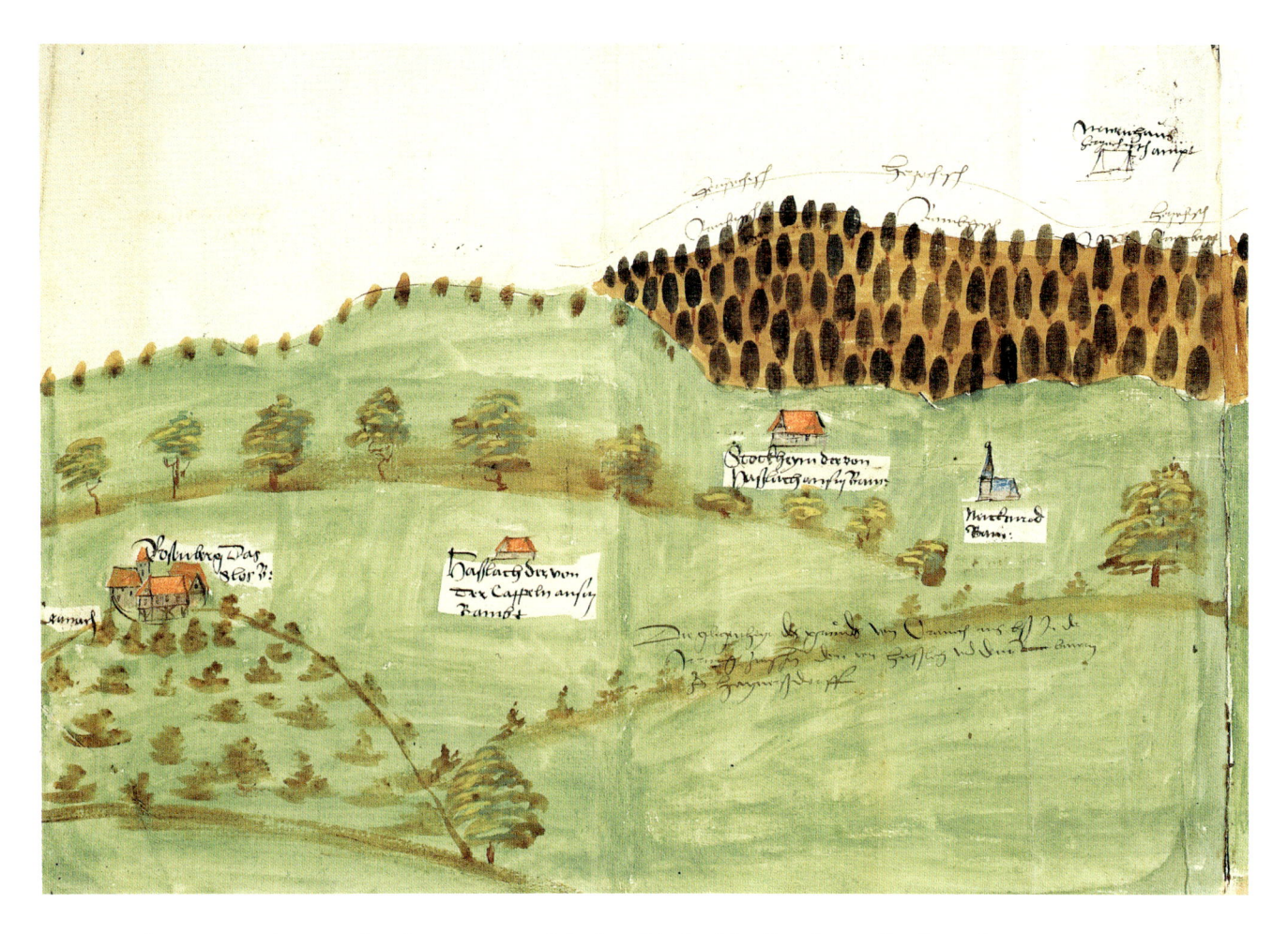

Vom 13. bis 15. April 1525 plünderte man in Bamberg die Abtei Michaelsberg und die Häuser der Geistlichen, und am 15. Mai überfielen die Aufständischen das Nonnenkloster zum Hl. Grab.

In Kronach wurde Anfang 1525 Ritter Jörg von Schaumberg, der 1522 schon einmal als bischöflicher Hauptmann auf Rosenberg gewesen war, erneut in dieses Amt eingesetzt. Er erhielt diese Position wohl als Stellvertreter des bisherigen Hauptmanns Franz von Giech, der im Auftrag des Bischofs im Lande unterwegs war, um die aufgebrachten Gemüter zu beruhigen. Aber auch Jörg von Schaumberg blieb nicht auf Rosenberg, sondern er reiste am 14. April zu Verhandlungen nach Bamberg und von dort, wie uns bezeugt ist, am 27. April nach Coburg. Das deutet darauf hin, daß der Bischof in Bamberg die Lage in Kronach noch nicht für besorgniserregend hielt.

Doch auch in Kronach wurde am 17. Mai ein Bauernlager gebildet. Vor allem der bischöfliche Kastner, Kunz Dietmann, tat sich nach Aussage der Quellen besonders hervor. Er riet den Aufständischen, alle Schlösser der Gegend zu zerstören – nur Rosenberg sollten sie verschonen, „doch [dürfe] kheiner vom Adel darauff, noch darein…". „Castner hab erstlich das leger [in Cronach] furgeschlagen; er habe mit eigener Hand aufgezeichnet, wie viele Mann zu Fuß und wie viele Reiswagen jedes Dorf schicken soll." So lautete die Aussage des Bürgermeisters Mathes Puer nach Niederwerfung des Bauernaufstandes. In Kronach selbst wurde von den Rebellen ein eigenes

„Die Gelegenheit des Grunds von Cranach aus bis in die Irrung zwischen den von Haßlach und den Bauern zu Haynersdorff" mit der ältesten Darstellung des Schlosses Rosenberg, 1521

Stadtregiment mit vier Hauptleuten errichtet, die ständigen Kontakt nach Bamberg zu den dortigen Aufrührern unterhielten. In Abwesenheit des Hauptmanns Jörg von Schaumberg, der immer noch in Coburg weilte, gelang es den Kronachern nun, die Festung Rosenberg im Handstreich in Besitz zu nehmen. Im übrigen beteiligten sich auch die Kronacher eifrig an der Plünderung und Zerstörung der umliegenden Burgen, Schlösser und Klöster.

Lange sollten die Bauern ihren Sieg aber nicht feiern können: Das Heer des Schwäbischen Bundes, obwohl es nicht vom Bischof gerufen worden war, rückte in das Bistum Bamberg ein, um wieder für Ruhe zu sorgen. Georg von Waldburg schlug den Aufstand nieder, Bamberg wurde am 19. Juni 1525 von ihm genommen. Beim Herannahen des Heeres nach Kronach fiel der Aufstand hier in sich zusammen; Kronach und seine Festung wurden vom Bundeshauptmann Eberhart von Hornberg am 26. Juni 1525 besetzt.

Nun war Fürstbischof Weigand von Redwitz also wieder Herr über seine Festung Rosenberg und ließ sich erneut in seinem Bistum huldigen. Am 4. August 1525 begab er sich nach Kronach. Das Strafgericht des Bischofs, wenn es auch relativ mild ausfiel, folgte bald für die begangenen Verfehlungen: Die Stadt mußte 2000 Gulden Kontribution an den Fürstbischof zum Wiederaufbau der zerstörten Burgen und Schlösser und für die anderen angerichteten Schäden zahlen. Vier Anführer der Aufständischen wurden allerdings hingerichtet. Dem Kastner, dem auch dieses Schicksal drohte, milderte man die Strafe ab: „… grosser hern vom Adel sampt frauen vnd Junckfrauen der Zeith zw Cronnach versammelt…" setzten sich für ihn ein, darunter vor allem auch der Hauptmann Jörg von Schaumberg. Dietmanns Strafe belief sich schließlich auf Zahlung von 800 Gulden. Der Bischof bestätigte die alten Steuern und Abgaben; alle angerichteten Schäden mußten ersetzt werden. Wie vermerkt wird, widersetzten sich die Untertanen dem Bischof nicht, „sie hetten gesundigt, darumb wolten sie auch pussen".

Der Markgrafenkrieg

Die nächste ernsthafte Bedrohung Kronachs brachte der sogenannte Markgrafenkrieg. Albrecht Alcibiades, Markgraf von Brandenburg-Kulmbach schloß am 15. Januar 1552 mit König Heinrich II. von Frankreich einen Fürstenbund. Fürstbischof Weigand von Redwitz, übrigens der Taufpate des Markgrafen, weigerte sich, diesem „Bund deutscher Fürsten" beizutreten. Daraufhin ließ ihm Albrecht Alcibiades mitteilen, er werde „… dem alten Pfaffen zu Bamberg weidlich ins Maul… greifen". Dieser nun folgende Krieg war aber nicht etwa, wie vom Markgrafen vorgegeben, religiös geprägt „für das reine Gotteswort". In höchst eigennütziger Weise richtete Albrecht seine Waffen sowohl gegen seine katholischen wie auch evangelischen Nachbarn.

Der Angriff traf den Bamberger Bischof völlig unvorbereitet, und er verlor bereits im Jahre 1552 große Teile seines Hochstiftsgebietes an den Markgrafen. Kronach, das dem Bischof verblieben war, ließ er umgehend verstärken. Schon im September 1552 streiften markgräfliche Reiter bis zur Festung Rosenberg und überfielen und beraubten Dörfer der Umgegend. Im November erhielt der Hauptmann in Kronach, Dietz von Würtzburg, den Befehl, sich aufs stärkste zu rüsten, da sich „geschwind praticken empörung vnd krigslaufften" zutrugen. Auf Rosenberg lagen zu dieser Zeit nur etwa acht bis zwölf Knechte und sechs Hackenschützen; deswegen verstärkte der Bischof die Besatzung nun um etwa 20 Soldaten. Die Stadt erhielt ein Fähnlein Knechte aus der Hauptmannschaft, ca. 100 Mann, als Reserve. Ansonsten mußte man sich auf die eigenen Mittel verlassen. Zum

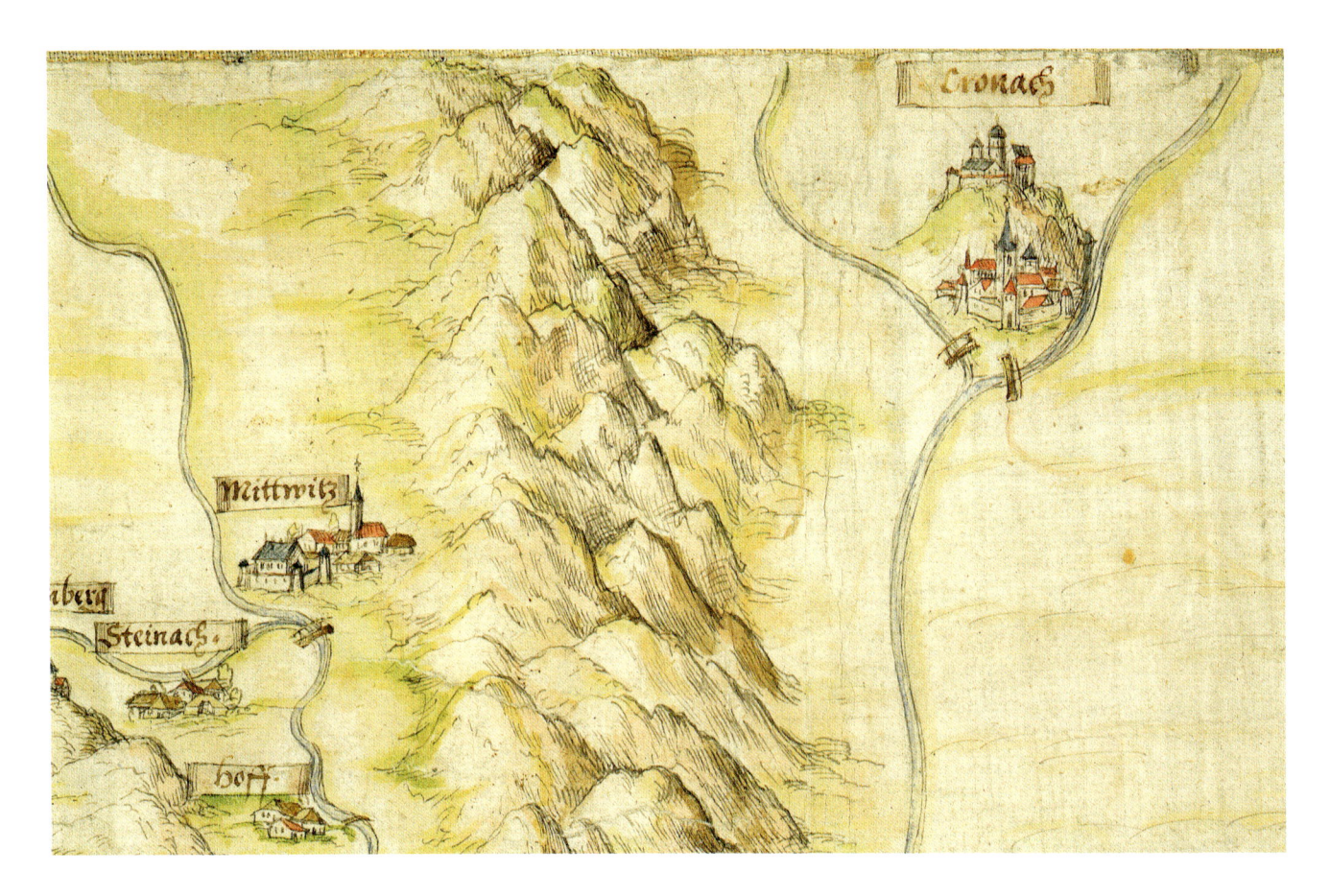

Hauptmann auf Rosenberg, der die Verteidigung „so lang mein alte haut wheret" versprach, stieß Caspar von Würtzburg als Berater.

Inzwischen war ein Vermittlungsversuch des Kaisers zwischen den streitenden Parteien gescheitert. Der Fürstbischof mußte im April 1553 von Bamberg in seine Festung Forchheim fliehen, von wo bezeugt ist, daß er Geldmittel nach Kronach sandte. Daß diese Verstärkung nötig war, zeigte sich bald. Teuschnitz, nicht weit nördlich von Kronach, wurde im Juni von markgräflichen Soldaten gebrandschatzt. Am 8. Oktober 1553 zog dann der Markgraf selbst mit angeblich 300 bis 400 Mann über eben dieses Teuschnitz durch das Haßlachtal in Richtung Kronach und ließ am 10. Oktober Stadt und Schloß Kronach durch einen Trompeter zur Übergabe auffordern. Doch vergeblich: Der Markgraf mußte, nachdem er die Dörfer der Umgegend gebrandschatzt hatte, unverrichteter Dinge weiterziehen.

Allerdings kam es Ende Oktober noch einmal zu Überfällen durch markgräfliche Truppen in der Umgegend von Kronach, aber die Auseinandersetzung näherte sich nun ihrem Ende. Gegen den Markgrafen war inzwischen die Reichsacht verhängt worden, und es hatte sich ein Bund der vom Krieg betroffenen Fürsten zusammen mit Kurfürst Moritz von Sachsen und Herzog Heinrich von Braunschweig gebildet. Von Süden und Norden rückten die Bundesheere an und nahmen unter anderem die Kulmbacher Plassenburg ein. Noch im November 1553 mußte Albrecht Alcibiades aus seinen Besitzungen flüchten und nach Schweinfurt zurückweichen; im Juni des folgenden Jahres endete der Krieg mit der Flucht des Markgrafen nach Frankreich.

Einer handgezeichneten Karte des Bamberger Amtes Fürth am Berg aus der Zeit von 1605 ist am oberen Rand eine Darstellung Kronachs eingefügt (lavierte Federzeichnung in der Manier des Peter Zweidler)

Der Dreißigjährige Krieg und der Ausbau der Festung Rosenberg

Im neunten Band der *Topographia Germaniae* des Matthäus Merian, der *Topographia Franconiae* von 1648, wird auch kurz über Kronach und seine Rolle im „Schwedenkrieg" berichtet:

„... Die Schwedischen haben die Stadt Anno 1632. und 33. belagert.../ aber dem festen Schloß allda / so Rosenberg heissen solle / konnten sie beydesmal nichts abgewinnen... im Weymarischen Feldzug... im Jahre 1633 / als Hertzog Bernhard von Sachsen im Jenner / Cronach einbekommen / die Stadt darüber in Flammen gerathen sey / aber in der gedachten Vestung konte man nicht beykommen. Hergegen sagte Kemnitz / im 2. Theil vom Schwedischen Krieg / daß sein Herr Bruder / Hertzog Wilhelm zu Sachsen / den 5. Junij / einen heimlichen Versuch auff Cronach gethan; und daß hernach Anno 34. den 8. Mertz / Hochgemeldter Hertzog Bernhard diesen Ort belagert habe / aber wegen deß Einfals der Käyserlichen / in die Marggrafschafft Culmbach / den 16. dieses / wieder abgezogen / darüber dann die Vorstadt den 9. ejusdem, abgebrannt worden sey."

Was war geschehen? Die Hauptmannschaft Kronach lag wie ein Keil zwischen dem Herzogtum Sachsen-Coburg-Gotha und der Markgrafschaft Brandenburg-Bayreuth. Dazu kam, daß in ihrem Gebiet viele ritterschaftliche Orte lagen, die fast alle dem protestantischen Glauben angehörten. So war es nur eine Frage der Zeit, bis die Ereignisse des Dreißigjährigen Krieges auch Kronach in Mitleidenschaft zogen.

Schon bald nach Ausbruch der Auseinandersetzungen (Prager Fenstersturz 1618) schien sich für unsere Gegend Gefahr anzubahnen. Bischof Johann Gottfried von Aschhausen legte bereits 1620 fünf Kompanien geworbenes Kriegsvolk nach Kronach und in die umliegenden Ämter. In der Stadt selbst wurden die Wachen an den Toren verstärkt, die Straßen mit Ketten versperrt. 1621 wurden weitere 50 Mann auf die Festung verlegt; dazu waren noch 900 Mann des Ausschusses aus der Hauptmannschaft als Verteidiger vorgesehen, 500 davon für die Stadt Kronach. Beim Ausschuß handelte es sich um eine Art Landwehr oder Bürgermiliz unter obrigkeitlicher Führung. Diese Selbsthilfeaktion sollte die Bevölkerung vor Plünderungen durch herumziehendes Kriegsvolk schützen. Doch die Ausschüsser beteiligten sich oft genug selbst an Plünderungen der Feinde in den protestantischen Gebieten der Gegend. Sie waren aber trotz allem ein wichtiger Faktor für die regionale Verteidigung.

Nachdem die protestantisch gewordene fränkische Ritterschaft einem kaiserlichen Mandat von 1624 nicht Folge geleistet hatte, begann der Bamberger Bischof, deren Gebiete gewaltsam zu rekatholisieren – oder er versuchte es zumindest. Auch für das katholische Kronach waren die Herrschaftsgebiete des protestantischen Adels damit feindliches Territorium geworden. Nachdem „... alle Uncatholischen Fürsten und der Adel sich uff die Schwedische Seiten gewandt…" hatten, unternahmen die in Kronach stationierten kaiserlichen Dragoner zusammen mit den Ausschüssern in den nächsten Jahren zahlreiche Ausfälle mit Plünderungen in die umliegenden feindlichen Gebiete der protestantischen Adeligen, während die Gegenseite das Gebiet der Hauptmannschaft verwüstete.

1631, nach der siegreichen Schlacht bei Breitenfeld, war König Gustav Adolph von Schweden auf dem Höhepunkt seiner Macht. Nachdem seine Truppen zunächst nach Erfurt gezogen waren und die Stadt am 2. Oktober 1631 eingenommen hatten, griff er auch nach Franken. Die Hochstifte Bamberg und Würzburg stellten kein Hindernis für die schwedischen Truppen dar, da vor allem Bamberg mit ungezählten ritterschaftlichen Klein- und Kleinstterritorien durchsetzt war, die sich überwiegend für die protestantische Seite engagierten. Am 10. Oktober 1631 fiel die Festung Königshofen, am 12. Schweinfurt, am 14. Würzburg und am 18. dessen Festung Marienberg. Nach diesen Eroberungen sollte auch Kronach an der Reihe sein.

Die Stadt Kronach und ihre Festung bildeten während des gesamten Krieges den Eckpfeiler des Hochstifts Bamberg aufgrund ihrer strategisch sehr bedeutsamen Lage; andererseits lag dieser Teil Oberfrankens an der Nahtstelle zwischen Süd- und Mittel- bzw. Norddeutschland und bildete also die Grenze zwischen den protestantischen und katholischen Reichsteilen. Hier zogen etliche wichtige Straßen durch, weshalb das ganze Gebiet verstärkt für Winterquartiere, Truppendurchzüge, Kampfhandlungen und allerlei Gewalttätigkeiten prädestiniert war.

Der damalige Kronacher Stadt- und Festungskommandant, Carl Neustetter, Stürmer genannt, war alt und kränklich, weshalb ihm der Fürstbischof seinen Ver-

Belagerung Kronachs 1632/33 (Federzeichnung). Deutlich zu sehen ist die Bastionärsbefestigung, die sich stark vom späteren Ausbau der Festungswerke unterscheidet

„Ehren-Säule für Melchior Otto, Fürstbischof von Bamberg, errichtet in der Stadt Cronach 1654" (Stahlstich von Carl Meyers Kunstanstalt in Nürnberg, nach einer Zeichnung von Lorenz Kaim, um 1848)

wandten, den Bamberger Domherrn Wolf Philipp Fuchs von Dornheim, sandte und dazu den kurbayerischen Offizier Francesco de Melon als Unterstützung. Im Januar 1632 zogen Feinde aus Sachsen in die Gegend von Teuschnitz. Fürstbischof Johann Georg Fuchs von Dornheim kam also am 30. Januar selbst nach Kronach, um Anweisungen zu geben: Im Monat darauf mußte er von Bamberg nach Forchheim fliehen und wenig später in die hochstiftische Exklave Vilseck in der Oberpfalz, da die schwedischen Truppen Bamberg eingenommen hatten, und bereits im März waren die um Kronach liegenden bambergischen Ämter vom Feind besetzt, der nun auch Kronach in seine Macht bringen wollte.

Der erste große Angriff auf Stadt und Festung begann am 17. Mai 1632. Truppen des schwedischen Obristen Claus Hastver versuchten, zusammen mit dem Ausschuß des Herzogs Casimir aus Coburg, Kronach im Handstreich zu erobern. Doch durch die erbitterte Gegenwehr der Verteidiger wurden die Feinde zurückgeschlagen, und die Kronacher erbeuteten eine ganze Anzahl Kanonen und anderes Kriegsgerät. Ein erneuter Eroberungsversuch, diesmal durch Truppen des Markgrafen Christian von Brandenburg, wurde am 19. Mai ebenfalls abgewehrt. Doch diesmal gaben die Angreifer nicht auf, sondern schlossen Kronach ein und belagerten es, wobei die schwere Artillerie der Angreifer nahezu alle Häuser der Stadt beschädigte.

Bei dieser zweiten Attacke kam es zu der Begebenheit, die auf dem späteren, neuen Stadtwappen Kronachs und auf der Ehrensäule auf dem Melchior-Otto-Platz symbolisiert wird: Bei einem Ausfall in die feindlichen Stellungen vernagelte man die Zündlöcher der Kanonen der Gegner. Einige Kronacher wurden dabei gefangen und bei lebendigem Leibe geschunden, das heißt, ihnen wurde die Haut abgezogen. Diese Begebenheit ist in den Sterbematrikeln der Pfarrei Kronach nachzulesen. Unter dem Datum des 13. Juni 1632 finden wir: „… ist Hanß Fiedler Pantzer undt Jacob Körners Sohn Rochus undt sonsten noch zween fremdte, welch ihm Lager hinter dem Schloß seindt niedergehauen worden undt von den Koburgischen undt Markgreffischen geschunden worden, christlich begraben worden." Die Täter hätten – der Erzählung nach – die Häute später in einigen Orten gezeigt und feilgeboten.

Da die Angreifer das Nahen eines Entsatzheeres fürchteten, gaben sie am 12. Juni 1632 schließlich die Belagerung auf, wobei sie allerdings alle umliegenden Orte,

Kronach — Am Bamberger Tor

Das Bamberger Tor und die katholische Stadtpfarrkirche St. Johannes um die Jahrhundertwende. Ehemals gab es drei Stadttore in Kronach

Schlösser und Schneidmühlen niederbrannten.

Im Herbst des gleichen Jahres kam schließlich auch Wallenstein in unsere Gegend und schlug sein Lager bei Unterrodach auf; der Feldherr selbst übernachtete in Kronach. Hier verlieh er der Stadt für die Tapferkeit ihrer Bürger und wegen der vom Feind begangenen Grausamkeiten im Namen des Kaisers die Rittergüter Theisenort und Weißenbrunn. Kaiser Ferdinand bestätigte zwar die Schenkung, Kronach zog aber im Augenblick noch keinen Nutzen daraus.

Auch das Jahr 1633 sah wieder einen Angriff auf Kronach. Diesmal waren die Herzöge Bernhard und Wilhelm von Sachsen-Weimar die Angreifer. Herzog Bernhard hatte inzwischen durch Schwedens Gnade die Bistümer Würzburg und Bamberg erhalten. Bereits am 2. Februar drangen die gegnerischen Truppen gleichzeitig durch das Kronach- und das Haßlachtal vorwärts, und schon der folgende Tag brachte dann einen Angriff auf das Haßlacher Tor und die Besetzung der Vorstadt Ziegelanger.

Der Feind wurde aber daraus wieder vertrieben und zog ab, nachdem er etliche Häuser und Städel zerstört hatte.

Immer wieder kamen feindliche Truppen in die Nähe Kronachs, bis schließlich am 13. Juni acht Regimenter des Herzogs Wilhelm von Sachsen-Weimar zu Pferd und zu Fuß, ca. 10 000 Mann, in Schlachtordnung vor der Stadt erschienen und hinter der Festung lagerten. Dann begannen sie ihre Belagerung. Am 15. Juni nachts versuchten sie einen Sturm auf die Stadt, konnten aber nach heftigen Kämpfen und unter großen Verlusten aus der Vorstadt Strau vertrieben werden. Bereits am 17. Juni brachen die Truppen wieder auf, da man nahenden Entsatz für die Stadt befürchtete. Der dauernde Kleinkrieg zwischen den katholischen und evangelischen Bewohnern der Gegend ging aber unvermindert weiter.

Im Jahre 1634 kam es ab dem 13. März zu einer erneuten Einschließung Kronachs durch Truppen des Herzogs Bernhard von Sachsen-Weimar. Die Belagerung ging, nach Anrücken des schwedischen Hauptheeres, ab dem 18. März vonstatten. Man

Kronacher „Housenküh" (Lithographie, 19. Jahrhundert)

„Belagerung Kronachs durch die Schweden 1634" (Postkarte nach einem Gemälde von Lorenz Kaim). Dargestellt wird der Kampf an der Mauerbresche, die die Schweden unterhalb der Stadtpfarrkirche, in die Stadtmauer geschossen hatten

wollte es den „halsstarrigen Kronachern" zeigen und sie „zur Vernunft" bringen. Ein in Bayreuth lebender Zeitzeuge von der Gegenseite berichtet: „Darüber war dem stolzen und unbeugsamen Geschlecht [der Kronacher] der Kamm gewaltig geschwollen; sie suchten durch zahlreiche Ausfälle, Vernichtungs- und Raubzüge die ganze Markgrafschaft und das Coburger Land heim, fingen und plünderten die Reisenden und trieben das Vieh in ihr Räubernest. Durch solche Untaten und Raubzüge gereizt, zog der Markgraf Den von Weimar aus dem Pfälzischen heran." Die Stadt wurde zur Übergabe aufgefordert, andernfalls wolle man selbst das Kind im Mutterleib nicht schonen. Als die Schweden nachts mit dem Sturm begannen, befand sich ihr Parlamentär noch in den Mauern der Stadt. Das war entgegen jeglichem Kriegsbrauch, und so wurden die Wachen in den Vorstädten Spital, Rosenau und Ziegelanger völlig überrascht und mußten sich aus den Vorstädten zurückziehen, die damit dem Feind in die Hände fielen. Man brachte dort nun Kanonen in Stellung, um eine Bresche in die Stadtmauer zu schlagen.

Am 21. März begann der Sturm auf die Stadt, nachdem es gelungen war, unterhalb der Pfarrkirche tatsächlich eine Lücke in die Stadtmauer zu schießen (an den Ausbesserungen sieht man heute noch die entsprechende Stelle). Es wird weiter berichtet: „Gegen die Stürmenden wehrten sich tapfer die Bauern, die aus Furcht vor dem Feinde mit den Ihren sich in die Stadt geflüchtet hatten, desgleichen die Bürger und die Soldaten mit starkem Gewehrfeuer von der Stadtmauer, von den Türmen und von den hohen Dächern aus, und machten alle Versuche der Stürmenden zunichte. Mittags stürzte, von vielen Schüssen zerschmettert, ein Teil der Stadtmauer ein; in heftigem Angriff versuchten die Schweden mit blanker Waffe durch die Bresche in die Stadt einzudringen, wurden aber von den Verteidigern tapfer zurückgeschlagen; sie hatten viele Tote und Verwundete… Es war etwas Großes, zu sehen, mit welcher Hartnäckigkeit die Belagerten Mauern, Kirchen und Häuser verteidigten. Sie wußten, daß ihnen im Falle des Unterliegens jede Aussicht auf Gnade verschlossen war. Zu sehr waren sie verhaßt um ihrer verfluchten Räuberei willen." Ein Sturm auf den Zwinger unterhalb des Pfarrturms schien zunächst erfolgreich.

Der Gegner konnte ihn ersteigen, doch der Torbogen der auf der Mauer aufsitzenden Annakapelle war verbarrikadiert, und ein weiteres Vordringen der Angreifer konnte verhindert werden. Bei der nunmehrigen Abwehr des Feindes zeichneten sich besonders die Kronacher Frauen aus. Sie brachten kochendes Wasser und Pech aus den städtischen Brauhäusern, und man übergoß die Angreifer damit. Unter großen Verlusten zog sich der Feind am 22. März zurück. Wieviel Respekt der Gegner vor den Kronachern entwickelte, zeigt ein Ausspruch eines schwedischen Soldaten nach der erfolglosen Belagerung: „Die Kronacher seind wie die Teifl und ihre Weiber noch neun mal schlimmer."

Damit war zwar die militärische Seite der Geschehnisse des Jahres 1634 für Kronach beendet, doch nun folgte eine andere große Gefahr: Eine Pestepidemie brach, wie schon einmal 1626, aus und raffte einen großen Teil der Bevölkerung hinweg. Die Seuche wütete von Juli bis Dezember. Als Rettung vor der Pest gelobten die Einheimischen den Bau einer Kapelle auf dem Weinberg, dem jetzigen Kreuzberg. Die kleine Kirche steht noch heute und dient zum Beispiel zur Sebastianifeier oder als Ziel von Wallfahrten.

Noch eine andere Tradition hat sich aus der Zeit des Dreißigjährigen Krieges bis in die Gegenwart erhalten: Die siegreichen Kronacher gelobten schon im Jahre 1632, nach dem erfolglosen ersten Belagerungsversuch, eine Prozession abzuhalten, die in jedem Jahr am Sonntag nach Fronleichnam stattfindet. Der Weg führt von der Stadtpfarrkirche hinaufbis in die Festung. Wegen der Tapferkeit, die die Kronacher Frauen im Krieg gezeigt hatten, dürfen sie seit dieser Zeit bei der sogenannten „Schwedenprozession" an der Spitze des Zuges gehen.

Das Land war durch die lange Dauer des Krieges und der damit verbundenen Belastungen völlig ruiniert. Die noch folgenden Kriegsjahre brachten zahlreiche Einquartierungen und Soldatenwerbungen, Steuer- und Kontributionszahlungen über die Stadt. Dazu kamen oft Alarmmeldungen über näherrückende Feinde und Durchmärsche der Kaiserlichen Truppen und Plünderungen in der Umgegend. Handel und Wirtschaft waren zerstört, die Felder verwüstet und die Ernten vernichtet. Bei allen Parteien herrschte bittere Not. So kam es dazu, daß Vertreter des Bamberger Bischofs im Grenzort Nordhalben mit den Herren Reuß zu Plauen, Gera und Lobenstein verhandelten. Man einigte sich darauf, die Kämpfe zu beenden. In der Folge des ersten dauerhaften Friedensschlusses während dieses vernichtenden Krieges im Reich wurde in den beteiligten Gebieten der Handel wieder belebt und die größte Not beseitigt.

Für ihre Verdienste im Krieg erhielten die Kronacher nunmehr die Rittergüter Haßlach und Stockheim anstatt der ursprünglich von Wallenstein versprochenen Theisenort und Weißenbrunn. Fürstbischof Melchior Otto Voit von Salzburg (reg.

Das neue Stadtwappen auf der Ehrensäule mit den geschundenen Männern als Schildhalter (Postkarte aus den dreißiger Jahren)

27

Urkunde über die Verleihung eines neuen Stadtwappens durch Fürstbischof Melchior Otto Voit von Salzburg, 1651

1642–1653) gilt seither als der große Wohltäter der Stadt. Er verlieh ihr am 20. Januar 1651 ein schon von seinem Vorgänger versprochenes neues Wappen mit Helmzier und den geschundenen Männern als Schildhalter. Dazu bekam der Bürgermeister, der zu diesem Zweck nach Bamberg zu seinem Landesherrn gerufen worden war, eine schwere goldenen Kette mit dem seltenen Goldabschlag eines Talers des Fürstbischofs, eine Friedensfahne und einen gläsernen Trinkkelch. Mit der goldenen Kette sollte jeweils der regierende Bürgermeister investiert werden, und er sollte sie an den in der Verleihungsurkunde genannten 40 Fest- und Feiertagen während des Jahres tragen. Eine zweite goldene Bürgermeisterkette versprach später der deutsche König Joseph I. im Jahre 1702, als er Kronach besuchte. Sie wurde aber erst 1744 durch Fürstbischof Friedrich Carl von Schönborn überreicht. Der Magistrat erhielt 1651 weiterhin das Recht, „einen sonderbahren – als unter den räthsverwandten in reichsstatten und in specie in Nürmberg und Cöln gebräuchig –, zu noch mehrern splendor unsers raths und statt Cronach dienenden habit", den spanischen Habit, also eine festliche Amtstracht, zu tragen. Für die Hilfe, die der Fürstbischof den Kronachern gewährt hatte, errichteten sie ihm eine Ehrensäule, die heute noch auf dem nach ihm benannten Melchior-Otto-Platz steht. Weiter stifteten die Kronacher einen Jahrtag für Melchior Otto am Tag nach St. Sebastian. Im August des Jahres 1651 weilte der Fürstbischof dann in Kronach und ließ zur Beglaubigung der Führung des neuen Wappens den „Spezial=Privilegiums=Brief" ausstellen.

Der Ausbau der Festung Rosenberg

Zur Geschichte Kronachs gehört natürlich auch ein kurzer Blick auf das Werden seiner Festung. Wie erwähnt, wird bereits 1249 ein *Castrum Rosenberg* genannt. Über sein Aussehen und den eventuellen weiteren Ausbau haben wir aber keine Nachrichten. Aus den frühen Quellen erfährt man nur, daß Bischof Lamprecht von Brunn Zölle für die Ummauerung des Rosenbergs ausgeschrieben hat und die Burg 1386 Sitz des Amtmannes wurde.

Mit der kontinuierlichen Weiterentwicklung der Feuerwaffen erfolgte dann auch der weitere Ausbau des Rosenbergs. Angefangen von Georg von Schaumberg (reg. 1459–1475) bis Friedrich Carl von Schönborn (reg. 1729–1746) sind hier alle bedeutenden Bamberger Bischöfe vertreten; die Wappensteine in den Mauern zeugen von ihrer Tätigkeit. Erstgenannter hatte wohl großen Anteil am Ausbau der Umwehrung der Kernburg mit den vorspringenden Ecktürmen. Den zweiten Mauerring ließ Philipp von Henneberg anlegen (reg. 1475–1487). Bei dieser Umwehrung fallen die Artillerietürme ebenso auf wie der Zeughaustorbau mit dem angeschlossenen Zeughaus. Schon bald aber ging man zu einer Bastionärsbefestigung über. Leider haben wir über das Aussehen dieser Anlagen keine näheren Angaben, da sie heute komplett verschwunden oder überbaut sind.

Im weiteren wurde Rosenberg jeweils im Stile der Zeit umgebaut, da die Fürstbischöfe auch etwas wohnlicher residieren wollten, wenn sie nach Kronach kamen. So wurde versucht, Rosenberg zum Wohnschloß umzuorganisieren. Bedeutende Baumeister waren hier tätig, wie etwa Caspar Vischer und Daniel Engelhardt. Doch trotz dieser Umbauten blieb Rosenberg immer noch vornehmlich ein Wehrbau.

Vor dem Dreißigjährigen Krieg wurde die Festung noch einmal verstärkt. Johann Klobath, für die Festungen Forchheim und Kronach zuständig, inspizierte 1621 auch Rosenberg. Hier gab es seinem Bericht zufolge bereits eine „Neue Bastei" aus Stein, zwei Erdbastionen und einen Wallgraben. 1631 ist noch von einem „Neuen Werk" die Rede, so daß man zum Zeitpunkt, als die Angriffe der Schweden begannen, von einem geschlossenen Befestigungsviereck ausgehen kann.

Der Ausbau der Festung Rosenberg zur heute sichtbaren Gestalt erfolgt dann nach dem Dreißigjährigen Krieg aufgrund der Erfahrungen, die man damit gemacht hatte. Der Bau großer Festungswerke schien das Gebot der Stunde zu sein. Deswegen befestigte man zunächst die Nordseite, die „Feindseite", und errichtete 1656 bis 1659 die Bastionen St. Philipp und St. Valentin,

Oben: Kronach und die Festung Rosenberg mit den mächtigen Bastionen (Luftaufnahme aus den dreißiger Jahren)

Unten: Blick vom Stadtturm auf die Festung Rosenberg. Besonders gut zu erkennen ist der einzige oberirdische Zugang, das Festungstor

Schießscheibe, Mitte 18. Jahrhundert, mit idealisiertem Grundriß der Festung Rosenberg

Schießscheibe von 1772 mit Maurerwerkzeug und den hinteren Festungswerken

benannt nach den Namenspatronen des Fürstbischofs, der der Auftraggeber war: Philipp Valentin Voit von Rieneck. 1663 bis 1689 kamen die Bastionen mit den Namen der Bistumsheiligen St. Heinrich und St. Kunigunde auf der Stadtseite hinzu. Der einzige oberirdische Eingang in diese Bastionärsbefestigung bildet das 1662 fertiggestellte und möglicherweise von Antonio Petrini geplante äußere Tor. Um der Bedrohung eines direkten Durchschusses zu entgehen, biegen sowohl Torhalle wie auch Personenausfallpforte im gleichen Winkel nach links ab. Die früher vorhandene Zugbrücke wurde 1869 entfernt. Als letzte Bastion, die dann das Fünfeck schloß, kam 1699 die Bastion Lothar unter Fürstbischof Lothar Franz von Schönborn hinzu.

Zur Verstärkung der Feindseite im Norden legte man Contregarde Carl (1741–1743) mit Ravelin Anton (1753) und zwei Waffenplätzen an und baute gleichzeitig auch die nördlich vorgelagerten Erdwälle. Bedeutende Baumeister beteiligten sich an den Um- und Neubauten der Festung, so etwa die beiden wichtigsten Architekten der Schönbornbischöfe Maximilian von Welsch und Balthasar Neumann, der den sogenannten Kommandantenbau völlig neu strukturierte. Die Bedeutung Rosenbergs liegt zu einem großen Teil auch darin, daß nirgendwo die theoretischen Überlegungen zur Wehrtechnik der Zeit so konsequent realisiert worden sind wie hier.

Eine wichtige Änderung in der Stellung des Festungskommandanten wurde übrigens unter Fürstbischof Friedrich Carl Graf von Schönborn durchgeführt. Er meinte: „Der Soldat versteht die Rechte nicht, und der Jurist weiß nicht, was zum Soldaten gehört." Gemäß diesen Vorstellungen wurde die Hauptmannschaft Kronach 1739 in ein Oberamt verwandelt. Die Verwaltung wurde von der Festungskommandantschaft abgetrennt, der Festungskommandant war nur noch ein rein militärischer Befehlshaber.

Die Festung als Zufluchtsort für Bischof, Domschatz und Domarchiv

Mit dem Ausbau der Anlagen auf dem Rosenberg wurde die Festung auch als Auslagerungsort für den Domschatz und das Archiv interessant. Wie aus den Domkustorei-Rechnungen, die die jeweiligen Kosten für den Transport verzeichnen, zu ersehen ist, trat dieser Fall des öfteren ein.

Als 1673 die Koalitionskriege gegen Ludwig XIV. von Frankreich begannen, ließ der Fürstbischof sein Archiv und den Domschatz nach Kronach bringen, da mit Einfällen des Gegners gerechnet wurde. Fünf Fuhren, jede sechsspännig, waren nötig, um das Material nach Kronach zu schaffen. Die Kosten dafür betrugen 48 Gulden, die bewaffnete Begleitung hatte für 41 Gulden Verzehr. Die Abordnung, die im darauffolgenden Jahr die Unterbringung überwachte, verbrauchte 21 Gulden.

Auch während des Spanischen Erbfolgekrieges (1701–1714) wurde der Domschatz wiederholt nach Kronach gebracht. In diesen Jahren transportierte man ihn – je nach politischer Lage und vermeintlicher Bedrohung der Residenzstadt – einige Male zwischen Bamberg und Kronach hin und her. So wird z. B. für das Jahr 1705/06 erwähnt, daß der Transport teilweise auf dem Wasser erfolgte. Auch in den Jahren 1707/08 und 1710/11 lagerte man den Domschatz in Kronach.

1796/97, im Krieg zwischen Frankreich und dem Reich, flüchtete der Fürstbischof, Christoph Franz von Buseck, selbst von Bamberg nach Kronach; Domschatz und Archiv verblieben bis 1797 in der Festung. Bereits 1799 war erneut Anlaß für einen solchen Umzug. Die Hofhaltung des Fürsten befand sich vom September 1800 bis April 1801, mit einem kurzen Zwischenspiel in Saalfeld, in Kronach. Der Domschatz wurde dann letztmals vor Auflösung des Fürstbistums Bamberg am 15. Mai 1801 nach Bamberg zurückgeführt.

Seite 30 unten rechts: Schießscheibe von 1776 mit Triumphtor, Künsbergischem und Kronacher Wappen. Der Reichsfreiherr und die Personifikation der Stadt Kronach reichen sich die Hand. Die Scheibe entstand zum Amtsantritt des Karl Siegmund von Künsberg 1776 als Oberamtmann in Kronach. Dessen Vater Johann Josef war seit 1739 der erste Oberamtmann nach Trennung der militärischen und zivilen Befugnisse

Ein neues Zeitalter

Eine erneute militärische Attacke gegen die Stadt Kronach brachten die Ereignisse des Siebenjährigen Krieges (1756–1763). Österreich unter Maria Theresia hatte mit Frankreich und Rußland eine Koalition gegen Preußen, das wieder von England unterstützt wurde, initiiert, um dessen Vormachtstellung zu brechen. Bei dieser Auseinandersetzung stand der Fürstbischof von Bamberg, Adam Friedrich von Seinsheim, auf seiten des Kaisers und des Reiches gegen Friedrich II.

Die Preußen vor Kronach

Kriegszüge gegen das Hochstiftsgebiet blieben auch diesmal nicht aus. 1757, 1758, 1759 und 1762 waren wiederholt preußische Einfälle zu verzeichnen, die natürlich auch das Oberamt Kronach betrafen. Im Mai und Juni 1757 zogen preußische Truppen unter Obristleutnant Mayr in die Gegend um Kronach. Die Festung Kronach wurde mit Landwehrmannschaft besetzt und im Juni 1757 mit 200 Mann Infanterie und 17 Reitern verstärkt. In Kronach hatte man im folgenden die Nachricht erhalten, daß Bamberg von den preußischen Truppen unter von Mayr besetzt sei. Man mußte sich auf einen Vorstoß auf Kronach gefaßt machen. Der Rat der Stadt war beunruhigt und bereit, bei einem preußischen Angriff die Stadt kampflos zu übergeben. Doch die Bürger Kronachs trugen diesen Beschluß nicht mit. Sie wollten – eingedenk der Tapferkeit ihrer Vorfahren im Schwedenkrieg – die Stadt verteidigen und drohten, alle Verräter umzubringen. Es kam aber in diesem Jahr zu keinen Zwischenfällen, Kronachs Verteidigungsbereitschaft war erst im Mai 1759 gefordert.

Der preußische General Carl Gottfried von Knobloch überschritt bei Lobenstein die Saale und rückte nach Gefechten mit dem kaiserlichen General von Ried weiter vor; unter seinen Truppen befand sich das berüchtigte Freikorps Wunsch. Die Preußen zogen, über Nordhalben kommend, plündernd durch die Umgegend. Die Truppen erzwangen aus den umliegenden Dörfern Lieferungen von Heu, Stroh, Bier, Fleisch, Brot, dazu Geldzahlungen. „Diejenigen Untertanen,… die sich nun kläglich lamentierend darüber gezeigt, bekamen noch die empfindlichsten Stockstreiche und Schläge zum Lohn."

Am 10. Mai 1759 kam schließlich General von Knobloch mit 7000 Mann vor Kronach an und schlug auf dem Kreuzberg sein Lager auf. Der nun folgende Handstreich der preußischen Husaren am Spitaltor konnte von den Kronachern abgewehrt werden, und auch der Versuch der Beschießung der Stadt brachte dem Gegner nicht den erwünschten Besitz von Stadt und Festung. Die preußischen Kanonen waren nicht in der Lage, in Kronach oder an seiner Burg größeren Schaden zu verursachen. Dagegen gelang es der weitertragenden Festungsartillerie, das Lager der Preußen auf dem Kreuzberg zu bestreichen, so daß diese schließlich ihr Vorhaben aufgaben und am 13. Mai über Küps weiter nach Süden abzogen. Trotz der erneut bewiesenen Tapferkeit der Kronacher blieben am Kriegsende große Geldsummen zu zahlen, und die Bevölkerung stürzte in große Not. Noch 1799 mußte eine „Preüßische Steüer" nach Bamberg entrichtet werden.

Dem Vorhaben, die Festung Kronach wegen der hohen Unterhaltskosten zu schleifen, wurde Gott sei Dank nicht stattgegeben. Fürstbischof Adam Friedrich von Seinsheim belobigte die Bürger Kronachs, „... wie getreu, tapfer und standhaft Ihr bey jungst vieder hohlten feindl. Anfall Eüch betragen, und dies ein neües Probstück zu erkennen giebt, daß Ihr noch wahre Abkömmlinge Eürer bey der Nachwelt so verdient geachteten Vor Eltern seyt".

Die letzten Jahre des Fürstbistums Bamberg und Kronachs Eingliederung in das Königreich Bayern

Mit den Napoleonischen Kriegen kam es zu tiefgreifenden Umwälzungen in Politik, Verwaltung, Justiz und Gesellschaft. Der Frieden von Lunéville 1801 sicherte dem Kurfürstentum Bayern unter anderem das Hochstift Bamberg als Ausgleich für verlorene linksrheinische Gebiete zu. Im Jahre 1802 verkündete Kurfürst Maximilian IV. Joseph von Baiern, daß er die Hauptstadt des Hochstifts sowie Kronach und Forchheim besetzen werde. Am 31. August erfolgte die Durchführung dieses Beschlusses und die Besetzung Kronachs durch pfalzbaierische Truppen – lange bevor das Hochstift Bamberg auch offiziell durch den Reichsdeputationshauptschluß vom 25. Februar 1803 zu Bayern geschlagen wurde. Am 22. Dezember 1802 traf Generalmajor von Triva in Kronach ein und besichtigte Truppen und Militärgebäude. Rosenberg galt als fester Platz dritten Ranges, aber wegen seiner vorzüglichen Lage räumte man ihm die Artillerieausrüstung eines Platzes zweiten Ranges ein. Der letzte bambergische Kommandant, Benedict von Redwitz, trat am 8. März 1804 in den Ruhestand, und somit war die fränkische Ritterschaft, die seit jeher bei der Besetzung der Festung, sei es als Vogt, sei es als Hauptmann oder Kommandant, Vorrecht genossen hatte, ausgeschaltet.

Die Bevölkerung begrüßte die Veränderung zunächst freudig. Am 9. Januar 1806 verkündete man auch in Kronach durch Trommelschlag in allen Straßen und Gassen den Bürgern, daß „... der Allerdurchlauchtigste und Großmächtigste Fürst und Herr, Herr Maximilian Joseph, als König von Baiern und aller dazu gehörigen Ländern...

Links: Schießscheibe von 1763 mit dem Wappen des Fürstbischofs Adam Friedrich Graf von Seinsheim (reg. 1757–1779). Im Hintergrund Ansicht von Kronach mit der Festung Rosenberg und den Vorstädten; im Vordergrund Geschundener mit der Haut über dem Arm. Die Scheibe ist dem Ende des Siebenjährigen Krieges (1756–1763) gewidmet

Rechts: Schießscheibe von 1775 mit Ansicht der Festung Rosenberg zur Begrüßung des neuen Festungskommandanten Adam Philipp von Redwitz (reg. 1775–1787). Deutlich sichtbar ist die damals noch vorhandene Zugbrücke

„Ansicht der Stadt Cronach und Festung Rosenberg" (Sepiazeichnung von Leuthner, 1822)

feierlich…" eingesetzt worden war. Die Bekanntmachung wurde begeistert aufgenommen und gefeiert. Doch schon bald flaute diese Freude durch die vielen Beschränkungen und Auflagen für die Kronacher Bevölkerung stark ab. Man sah sich politisch entmachtet und mußte auch eine teilweise Verlagerung der Produktionsstätten und des Handels hinnehmen. Schon im Jahre 1805 räumten die Bayern zum Beispiel die Festung aus, da man von Staatsseite befürchtete, die Preußen könnten sich hier bei einem Vorstoß festsetzen. Das Inventar wurde mit 745 Fuhren nach Würzburg geschafft und kam nie wieder zurück. Der restliche Zeughausbestand und was sonst noch übrigblieb, wurde versteigert oder zum Alteisenpreis verkauft.

Napoleon und Kronach

Zu neuer Bedeutung, wenn auch nur kurzfristig, gelangte Kronach unter der Ägide Napoleons. Nachdem er im Winter 1805 gegen Österreich erfolgreich gewesen war, hatte er nun freie Hand für seine weiteren Pläne. Es kam zur Gründung des Rheinbundes, durch den über die süd- und westdeutschen Staaten, darunter auch Bayern, Mittel und Truppenkontingente für Napoleons Ziele zur Verfügung standen.

Napoleons nächste Planung galt der Niederwerfung Preußens. Am 6. Oktober 1806 traf der französische Kaiser in Bamberg ein und erhielt dort das preußische Ultimatum, Süddeutschland zu räumen. Die Antwort sollte bis zum 8. Oktober im preußischen Hauptquartier in Erfurt eintreffen. Napoleon hatte inzwischen aber schon Truppen gegen die preußische Grenze vorgezogen.

Kronach war damals eine Stadt mit ca. 2200 Einwohnern. Die Festung befand sich nach den bayerischen Maßnahmen des Jahres 1805 nicht gerade im besten Verteidigungszustand; die meisten Geschütze waren ja im September 1805 abgezogen worden. Am 30. Juli 1806 kam die Nachricht, daß französische Truppen in Kronach einquartiert werden sollten, die neue Geschütze für die Fortifikation der Festung mit sich führten. Insgesamt hatte Rosenberg damit wieder 62 Stück Artillerie, die Truppenstärke lag bei 1500 Mann. Der Feldzug Napoleons gegen Preußen brachte also die Wiederaufrüstung der Festung.

„Kronach von der Veste Rosenberg aus" (nach der Natur gezeichnet von J. F. Schmidt)

Napoleon kam selbst nach Kronach, und zwar am 8. Oktober 1806, und er nahm im Pfarrhaus Quartier. Ein Chronist berichtet im nachhinein (1840): „Gleich den anschwellenden Meeresfluthen versammelte sich das französische Heer bei Bamberg, um in drei Heeressäulen, über Bayreuth, Kronach und Koburg dem Norden zuzuziehen. Des Heeres Mitte, welche über Kronach ihren Weg nahm, führte Napoleon selbst; sie bestand, einschlüssig der kaiserlichen Garden und der Rheinbundkontingente allein aus 150000 Mann. Die Durchmärsche dieser Truppen bildeten einen allgewaltigen Strom, welcher sich vom 30. September bis 20. Oktober ununterbrochen fortwälzte, und gleich dem Sturm im Ungewitter Alles zu verschlingen drohte, was ihm Widerstand zu setzen wagte." Er schildert weiter Napoleons Ankunft im Pfarrhof: „Bei seinem Eintritte standen drei Gardisten mit blanken Säbeln, scharf jede Bewegung der Umstehenden und Vorübergehenden beobachtend, vor der Hausthüre, drei unten am Fuße der Stiege, drei am Buge, und drei am Ausgang derselben, so wie stets drei vor des Kaisers Zimmern. Eine Kompagnie der Garde zu Fuß, welche in der Kirche einquartiert war, hatte die Wache vor dem Pfarrhofe." Napoleon begab sich in Begleitung seiner Marschälle zur Inspektion der Festung Rosenberg sowie der Verhältnisse in und um die Stadt. Er ging zu Fuß um die mächtigen Verteidigungsanlagen der Festung und meinte, Rosenberg sei wichtig, besonders im Falle einer rückwärtigen Bewegung seiner Armee. Die steinernen Schilderhäuschen an den Ecken der Bastionen ließ er abbrechen und erklärte für die Festung den Kriegszustand. Weiter umritt er den gegenüberliegenden Kreuzberg, war aber der Ansicht, von hier bestände keine Gefahr für die Festung, da sie mit leichten Geschützen nicht zu erreichen und der Kreuzberg mit schweren nicht so schnell zu bestücken sei. Diese Erkenntnis hatten vor ihm ja schon die Preußen machen müssen. Von seinem Quartier in Kronach aus gab Napoleon an diesem 8. Oktober 1806 den Befehl zur Kriegseröffnung gegen Preußen. Am folgenden Tag brach er zu seinen Truppen nach Nordhalben auf.

Während des gesamten Feldzugs und der folgenden Befreiungskriege litt die Gegend um Kronach unter großen Truppenbewegungen, da man Durchmarsch- und Nach-

Einzug des Prinzen Ludwig von Bayern in Kronach 1892 (historische Photographie)

schubstation war. Die Bevölkerung mußte deswegen viele Ärgernisse und Bedrängnisse erdulden, obwohl man nicht direkt von den kriegerischen Auseinandersetzungen betroffen war.

Kronach unter bayerischer Regierung

Unter der bayerischen Regierung verlor Kronach zunächst, wie schon erwähnt, einen großen Teil seiner Sonderrechte, die es als eine der wichtigsten Städte des Fürstbistums Bamberg innegehabt hatte.

Eine der ersten Maßnahmen der bayerischen Regierung war, den Magistratsräten das Tragen des spanischen Habits zu untersagen und dem Bürgermeister zu verbieten, die goldenen Ketten anzulegen. Bereits 1808 verlor Kronach auch seine Stadtherrlichkeit und wurde zur Munizipalstadt mit Kommunalverwaltung. Es gab nunmehr keinen „regierenden Bürgermeister" mehr, sondern nur noch den königlichen Kommunal-Administrator. Fast noch schlimmer für die Kronacher war aber, daß man ihnen untersagte, am Stadtwappen weiterhin „ihre" geschundenen Männer als Schildhalter zu führen, da diese Ehre nur dem königlichen Wappen zustand. Erst 1818 erhielt die Stadt mit der bayerischen Verfassung einen Bürgerrat Zweiter Klasse mit einem Bürgermeister.

Die Unruhen des Revolutionsjahres 1848 erreichten auch Kronach; besonders in seinem Umland kam es zu Auseinandersetzungen. Hauptsächlich die Flößer, die das neue Gedankengut aus der Ferne von ihren Reisen mitbrachten, waren dafür verantwortlich. In Kronach und in einigen anderen Orten wurden, im Einvernehmen mit dem Landwehrbataillon, Freikorps zum Schutz der Bevölkerung gebildet, die aber meist, statt für „Ruhe und Ordnung" zu sorgen, eher mit den Aufständischen sympathisierten. Da aber in Kronach die Festungsgarnison mit Bayreuther Militär verstärkt worden war und die Bevölkerung Einschränkungen in ihrer Bewegungsfreiheit hinnehmen mußte, kam es in der Stadt selbst zu keinen nennenswerten Ausschreitungen. Die Festungsbesatzung mußte aber wiederholt Sicherungskommandos für die bedrohten und zum Teil schon geplünderten Schlösser der Adeligen der Umgegend stellen.

1859, im Vorfeld der sich abzeichnenden Auseinandersetzung zwischen dem Deutschen Bund und Österreich, wurden die beiden Waffenplätze nördlich des Hauptgrabens der Festung eilends wiederhergestellt. Ein letztes Mal wurde Rosenberg, bedingt durch den Deutschen Krieg 1866, in Verteidigungsbereitschaft versetzt. Die Befestigungsanlagen wurden deswegen wieder renoviert und die Garnison auf über 700 Mann verstärkt. Dazu kamen 57 Geschütze. Kronach und seine Festung wurden aber nicht von den Kriegsereignissen berührt.

Im Jahre 1867, am 10. Mai, hob man endgültig die Festungseigenschaft der Rosenberg auf und schaffte das noch vorhandene Artilleriematerial 1868 größtenteils nach Ingolstadt. Kurz darauf, am 1. Februar

Ansichten von Kronach (lithographiert von Carl August Lebschée, nach Zeichnungen von Lorenz Kaim)

1869, erhielt die Burg eine neue Nutzung als „Zivil-Festungsstrafanstalt", die man bis zum Jahre 1875 beibehielt. Die Überweisung sämtlicher Festungsrealitäten an das bayerische Finanzärar erfolgte 1883, die Festung war nun vollkommen geräumt. 1888 gelang es schließlich zu verhindern, daß die Festungsanlagen geschleift wurden, wie es zum Beispiel Forchheim, der zweiten großen Festung im ehemaligen Fürstbistum Bamberg, erging. Die Stadt Kronach kaufte die Anlage mit dem dazugehörigen Grundbesitz am 14. Mai 1888 für 32000 Mark und ist heute noch in deren Besitz – dieser „süßen, aber auch schweren Last" –, wenn auch im Mai 1959 Bürgermeister Konrad Popp äußerte, die Stadt wolle die Festung Rosenberg wegen der hohen Kosten verschenken. Trotz einer Anzahl von Interessenten kam es natürlich nicht dazu. Auch heute noch stellt der Besitz der Festung Rosenberg für den Etat der Stadt Kronach eine immense Belastung dar.

Unter der bayerischen Regierung kamen einige neue Ämter nach Kronach, andere wurden umbenannt. 1856 richtete man in der Stadt den Sitz eines Bezirksgerichts ein, zu dem natürlich auch eine Bezirksgerichts-Fronfeste gehörte, also ein Gefängnis. Am besten hierfür eignete sich der große, noch unter dem letzten Fürstbischof erbaute Getreidespeicher mit Salzmagazin, weshalb das Gefängnis heute im Volksmund immer noch „Salzbau" heißt. Nach Aufhebung des Bezirksgerichts übernahm das Amtsgericht die Räume. Aus dem bischöflichen Kastenamt und dem fürstlichen Steueramt wurde alsbald das Finanzamt; Kronach erhielt zusätzlich u. a. ein Vermessungsamt, ein Zollamt, Straßen- und Flußbauamt. Es wäre allerdings müßig, hier alle Ämter der Stadt aufzählen zu wollen.

Kleine Wirtschaftsgeschichte des Kronacher Raums

Die wirtschaftliche Entwicklung Kronachs unterlag schon immer den kriegsbedingten Schwankungen und hatte auch während der Napoleonischen Kriege zum Teil stark gelitten. Nach Ende dieser Auseinandersetzungen kam die Wirtschaft aber langsam wieder in Schwung, die Einwohnerzahl stieg stetig an, der Handel erblühte erneut, und man baute in Kronach neue Häuser oder gestaltete seine alten neu. Wie in anderen Städten werden die Stadtmauern teilweise abgetragen, Türme und Tore niedergelegt. Zu den Handwerksbetrieben kamen langsam aber sicher die ersten Industrien. Im folgenden soll ein kurzer Blick auf die Entwicklung der Haupterwerbszweige und bekanntesten Kronacher Gewerbe und ihre Entwicklung geworfen werden.

Flößerei und Holzhandel

Kronachs Beziehung zur Flößerei und zum Holzhandel sind jahrhundertealt. Immer gab es das Bestreben, die dichten Waldbestände wirtschaftlich zu verwerten und damit Handel in Gegenden zu treiben, die unter großem Holzbedarf standen. Günstig dafür waren die wasserreichen Flüsse Rodach, Kronach und Haßlach, die von vielen kleinen Bächen gespeist werden. Von hier über den Zufluß zum Main war es möglich, die großen Städte bis zum Rhein zu erreichen.

Die für die Flöße nötigen Stämme wurden zunächst zu den Lagerplätzen in Kronach geschafft und hier zu „Böden" verbunden. Man belud sie mit Brettern, Stangen und anderen Waren, z.B. Steinkohle aus Stockheim, Bier aus Kronach und sonstigen Handelsartikeln. Beginn der Fahrt war meist die „Zollschere" unterhalb der Stadt, Ende oft Aschaffenburg, wenn man seine Waren nicht schon mainabwärts verkauft hatte. Zum Teil gingen die Reisen aber auch noch über den Rhein weiter bis nach Holland.

Der Aufkauf von Hölzern und die Organisation des Transportes aus dem Wald an die Floßbäche und talabwärts waren das Geschäft der Holzhändler. Die Stadt Kronach war jahrhundertelang einer der Hauptsitze der „Floßherren". Eine Zollrechnung von 1491 nennt schon 36 Personen in diesem Gewerbe. Bis ins 19. Jahrhundert beherrschte der Holzhandel das bürgerliche Leben in Kronach und ernährte einen erheblichen Teil der Bevölkerung. Um die bedeutende Holzausfuhr auch für die fürstbischöfliche Kasse nutzbar zu machen, existierte seit Mitte des 15. Jahrhunderts unterhalb Kronachs eine Wasserzollstätte, die oben erwähnte „Zollschere". Sie bestand aus miteinander verbundenen, quer zur Flußrichtung liegenden Flößen, die so den Wasserlauf sperren konnten. Erst nach Bezahlung der Zollgebühren öffnete sich diese „Schere". Die Rechnungen der Zolleinnehmer zeigen die wirtschaftliche Potenz der Flößerei für Kronach und den Frankenwald. Aber nicht nur das geflößte Holz selbst war von wirtschaftlicher Bedeutung,

Kronach in den dreißiger Jahren. Im Vordergrund der Holzstapelplatz für das Floßholz

sondern auch die erwähnten mitgeführten Waren und Holzerzeugnisse verschiedenster Art wie z.B. Schindeln, Drechselwaren, Wachs von den Zeidelweiden, Gerblohe und Bier. Die Ausfuhr dieser Produkte geschah nur durch die Kronacher Floßherrn. Das Gelände vor der Stadt diente dabei nicht nur als Stapelplatz für Waren aus einheimischer Produktion, sondern auch von Gütern, die, von weiter her kommend, ab hier per Floß weiterverbracht wurden. Mit dem Ausbau des Steinkohlenbergbaues in Stockheim bildete diese Ware jahrzehntelang eines der bedeutendsten Ausfuhrgüter.

Man darf dabei nicht vergessen, daß die politischen Geschehnisse im Lande auch direkt die Flößerei betrafen. So mußte man diese Tätigkeit zeitweise stark einschränken oder gar unterlassen, wie etwa im Dreißigjährigen Krieg. Die Kontinentalsperre, die Napoleon 1806 gegen England verhängte, brachte dagegen eine kaum zu befriedigende Nachfrage nach dem Holz des Frankenwaldes. In dieser Zeit war der Reichtum der Kronacher Floßherrn nahezu sprichwörtlich. Mit der Eröffnung des Ludwig-Donau-Main-Kanals 1845 und der Einführung der Eisenbahn nahm die Bedeutung der Flößerei aber immer mehr ab; sie wurde schließlich nach dem Zweiten Weltkrieg ganz eingestellt. Heute werden solche Floßfahrten nur noch für Touristen angeboten.

Kronacher Büchsenmacher

„Unter den Handwerkern der Stadt sind die Büchsenmacher besonders berühmt." So heißt es bei Johann Baptist Roppelt in seiner *Historisch-topographischen Beschreibung des Kaiserlichen Hochstifts und Fürstenthums Bamberg* aus dem Jahre 1801. Diese weitbekannte Berühmtheit geht auf eine lange Tradition zurück, die ihren Höhepunkt zweifellos zu Ende des 17. und im 18. Jahrhundert hatte.

Schon im späten Mittelalter wurden in Kronach wohl bereits Waffen hergestellt. So sind Lieferungen von Pfeilen und Arm-

Die staatlichen Dampfsägen an der Haßlach (kolorierte Federzeichnung von Lorenz Kaim)

brustbolzen nach Staffelstein in den Quellen nachgewiesen. Büchsenmacher selbst sind in Kronach zwar schon Mitte des 16. Jahrhunderts erwähnt, danach aber für einige Zeit nicht mehr nachweisbar.

Die große Zeit der Kronacher Büchsenmacher begann etwa 1670 und dauerte bis um 1800. Ihre Arbeiten lassen sich mit denen der besten anderen Meister in Deutschland ohne weiteres messen. Mit dem Ende des Alten Reiches trat dann aber eine Verschlechterung ein, die womöglich auf die nun fehlende Nähe der finanzstarken Kunden zurückzuführen ist, die allein gute Preise zahlen konnten. Besonders hervorzuheben sind die Kronacher Präsentgewehre. Kam ein Fürstbischof, ein Domherr oder ein anderer hoher Würdenträger zu Besuch nach Kronach, so erhielt er vom Magistrat, je nach seinem Rang, ein Gewehr oder sogar eine aus verschiedenen Waffen zusammengestellte Garnitur als Ehrengeschenk. Für besondere Gunstbeweise an die Stadt überreichte der Magistrat ebenfalls solche Kronacher Präsente. In den Rechnungsbüchern werden einige dieser Waffen näher beschrieben: Johann Michael Limmer hat zum Beispiel 1744 zwei zierlich gearbeitete vergoldete Flinten mit dem Bild des Bischofs und dem Wappen für die Stadt gefertigt.

Der erste berühmte Kronacher Büchsenmacher war der am 18. Februar 1644 hier geborene Johann Limmer. Er erlernte ab 1664 sein Handwerk in Wien, einem Zentrum der europäischen Büchsenmacherkunst. Als Meister ist er wieder in Kronach tätig. In seiner Werkstatt arbeitete als „Herrn Limmers Püchsenmachersgesell" Johann Michael Wagner. Auch er wurde später Meister und führte die Limmersche Werkstatt mit großem geschäftlichem Erfolg weiter.

Es gab noch viele bekannte und berühmte Kronacher Büchsenmacher. Ein kleiner Hinweis sei noch gestattet: Nicht nur in der Stadt selbst wurden Waffen hergestellt. Wie die Quellen belegen, gab es anscheinend auch auf der Festung eine beträchtliche Waffenproduktion. Immer wieder sind gleichzeitig mehrere Büchsenmacher unter der dortigen Besatzung erwähnt.

Innenansicht der Labhard's Dampfsäge an der Haßlach (lavierte Federzeichnung von Lorenz Kaim). Die Dampfsägen wurden vom Staat 1869 erbaut und von den Gebrüdern Labhard aus der Schweiz gepachtet. 1874 zerstörte ein Brand die Säge vollständig

Bier in Kronach

In Kronach war natürlich auch noch eine Vielzahl anderer Gewerbe ansässig. Eine ganze Reihe davon war zünftisch organisiert, so etwa die Hafner, Maurer, Rotlederer oder Korbmacher. Daneben gab es auch unzünftige Gewerbe wie etwa die Fischer, Buchbinder oder Seifensieder. Aus all diesen Handwerkszweigen soll nur noch auf einen für Kronach typischen hingewiesen werden: die Bierbrauerei.

Bereits 1499 wurden in Kronach zwei Brauhäuser betrieben, und jeder Bürger hatte das Recht, sein eigenes Bier an bestimmten Tagen des Jahres zu brauen. Schon im Jahre 1400 erlaubte Bischof Albrecht der Stadt, die Biersteuer für den Stadtbezirk als Beihilfe zur Stadtbefestigung einzubehalten. Es ist bekannt, daß das Kronacher Bier allgemein geschätzt wurde. So lieferten die Bürger anläßlich der Bischofsweihe von Heinrich III. 1487 in die „Bierstadt" Bamberg, und 1573 bestellte sich Bischof Veit II. extra vier Gebräu in Kronach.

Das uralte Bier-Privilegium ging aber mit der Übernahme des Hochstifts durch Bayern schnell verloren wie so manch anderes Recht auch. Doch bereits 1808 konnte J. Michael Koch-Deinhart die erste selbständige Brauerei in Kronach errichten. Um 1870 gab es im Umland der Stadt 76 Brauereien, sowohl gesellschaftlich wie auch gemeindlich und privat betrieben. Man braute in etwa einen Jahresdurchschnitt von 23000 Eimern, was ca. 15000 Hektolitern entspricht.

Heute gibt es im Kronacher Raum und im Landkreis nur noch wenige Brauereien, aber deren Bier wird immer noch hoch geschätzt. Zu nennen sind hier in Förtschendorf die Leiner, in Weißenbrunn die Gampert, in Neundorf bei Mitwitz die Franken-Bräu und in Kronach selbst die Brauerei Kaiserhof.

Industrialisierung im 19. Jahrhundert

In wirtschaftlicher Hinsicht ging es im 19. Jahrhundert mit Kronach aufwärts, denn die Industrialisierung machte auch vor der

Blick auf Kronach von Süden. Im Vordergrund sind Holzstapelplätze zu erkennen. (Kupferstich von G. Lotzbeck, wohl nach einer Zeichnung von Lorenz Kaim, um 1830)

kleinen Stadt im Frankenwald nicht halt. Eine ganze Reihe von Fabriken wurde gegründet, wobei die Porzellanindustrie besonders stark vertreten war. Am 15. November 1897 eröffneten Philipp und Wilhelm Rosenthal eine Porzellanmanufaktur, die man am 1. Mai 1902 der Ph. Rosenthal & Co. AG in Selb angliederte; auch heute noch hat diese Firma einen bedeutenden Sitz in Kronach mit einem neuen Werk im Industriegebiet an der Rodach. Doch auch andere Porzellanfabriken gab es hier, so etwa die der Gebrüder Kühnlenz, an der Kronach gelegen. Das Gebiet dort heißt heute noch Kühnlenzhof, auch wenn es diese Fabrik nicht mehr gibt. Hier fertigte man elektrotechnisches Porzellan, ebenso wie in der „Kronacher Porzellanfabrik Stockhardt & Schmidt-Eckert". Damals gab es Schuhfabriken, ein Gaswerk, Brauereien, eine Mineralölfabrik, Bleistift-, Maschinen- und Schiefertafelfabriken sowie eine ganze Anzahl weiterer – zumindest für die Region – großer Betriebe mit zahlreichen Arbeitsplätzen.

Für die wirtschaftliche Entwicklung war bedeutend, daß ein Anschluß an die Eisenbahn gelang. Erste Versuche hierfür unternahm man schon früh, und besonders die Steinkohlengrubenbesitzer im nahe gelegenen Stockheim hatten daran großes Interesse. Wie erwähnt hatten sie ihre Erzeugnisse bisher in Fässern auf den Flößen in die Ferne oder per Wagen in der näheren Umgebung an den Mann bringen müssen. Bereits im August 1842 reichten die Stockheimer bei der Königlichen Staatsregierung das Ersuchen ein, beim Eisenbahnbau von Bamberg in Richtung Landesgrenze berücksichtigt zu werden, doch wurde diesem Antrag nicht stattgegeben. Erst als die Gemeindegremien Kronachs 1854 den Beschluß faßten, den Bau der Bahn von Hochstadt nach Kronach und Stockheim selbst in die Hand zu nehmen, kam Bewegung in das Projekt. Besonders erwähnenswert ist hier der damalige Bürgermeister Carl Mertel, der dieses Vorhaben mit großem Einsatz verfolgte und auch sonst viel für den wirtschaftlichen Aufschwung Kronachs bewirkte. Nach Aufnahme eines Kredi_tes und Erteilung der Konzession durch die Regierung am 27. März 1860 konnten die Arbeiten am Bahnbau beginnen, und bereits am 20. Februar 1861 feierte man die offizielle Eröffnung der Bahnlinie. Der Beschluß zur Anbindung an die preußische Staatsbahn wurde allerdings erst 1879 erreicht. Am 1. Oktober 1885 fand dann die Eröffnung der ganzen Strecke als Durchgangslinie statt. Auch heute noch führt die wichtige Bahnlinie München–

KRONACH

Berlin durch Kronach. Ein zweites Gleis, das man nach dem Ende des Zweiten Weltkrieges entfernt hatte, wird jetzt für die ICE-Trasse neu verlegt. Leider ist Kronach, obwohl an dieser Linie gelegen, nun nicht mehr so leicht mit der Bahn erreichbar: Die meisten Züge fahren ohne Aufenthalt an der Stadt vorbei.

Sparkasse Kronach-Ludwigsstadt

Neben den verkehrstechnischen Voraussetzungen war für die wirtschaftliche Weiterentwicklung der Region maßgeblich die Schaffung neuer Möglichkeiten im Bereich des Spar- und Kreditwesens nötig. Die ersten Sparkassen entstanden in Bayern noch im ersten Viertel des 19. Jahrhunderts: am 1. November 1821 in Nürnberg und am 2. Februar 1822 in Augsburg.

Der Raum Kronach ließ sich da etwas mehr Zeit. Am 12. August 1837 trat das Landgericht erstmals an den Magistrat der Stadt wegen Einrichtung einer Sparkasse heran, doch erst am 14. März 1844 kam es zur Unterzeichnung der Statuten, wodurch am 20. Mai 1844 die Eröffnung der Städtischen Sparkasse Kronach möglich wurde. In Ludwigsstadt hatte man bereits am 2. November 1843 eine solche Einrichtung eröffnet. Es folgte im Jahre 1859 die Gründung der Bezirkssparkasse Kronach. Diese und die Stadtsparkasse schlossen sich dann am 1. Januar 1938 zu den Vereinigten Sparkassen Kronach zusammen. Jetzt, nach der Wiedervereinigung Deutschlands und der Schaffung des europäischen Binnenmarktes, stellten sich neue Herausforderungen. So kam es am 1. August 1992 zur Sparkassenfusion im Landkreis Kronach. Die neue Sparkasse Kronach-Ludwigsstadt hat nunmehr 60 Geschäftsstellen und fast 400 Beschäftigte für die Betreuung der ca. 77 000 Menschen im Landkreis Kronach.

Blick auf Kronach um die Jahrhundertwende. Im Vordergrund der Bahnhof mit der 1861 eröffneten Bahnlinie

Kronach im 20. Jahrhundert

Im Ersten Weltkrieg befand sich auf der Festung Rosenberg ein Kriegsgefangenenlager für englische, französische und russische Offiziere. Bemerkenswert ist, daß auch ein später weltberühmter Staatsmann hier einsaß: der damalige französische Hauptmann und spätere General und Staatspräsident Charles de Gaulle. Er unternahm von hier aus zwei Fluchtversuche, bis er in sichere Haft nach Ingolstadt verlegt wurde.

Lange Zeit wußte man in Kronach nichts davon. Erst als 1971 ein Pariser Verlag Fotos von der Festung Rosenberg erbat und im Gegenzug zwei Folgen der Memoiren de Gaulles mit der Schilderung seiner Gefangenschaft in Kronach lieferte, fand man in den Akten des Stadtarchivs den entsprechenden Eintrag: de Gaulle war vom 20. Juli bis 21. November 1917 als Gefangener auf Rosenberg inhaftiert.

Nach dem Ende des Ersten Weltkrieges und den darauf folgenden Rezessionen in den zwanziger Jahren waren auch in Kronach die wirtschaftlichen Verhältnisse schwierig, denn zahlreiche Betriebe mußten schließen, und viele hundert Menschen blieben arbeitslos. Die Region galt lange Zeit als Notstandsgebiet, bis sich in den dreißiger Jahren die Situation durch Straßen- und Brückenbauten verbesserte.

Auch der Zweite Weltkrieg brachte für Kronach wieder schwere Sorgen und Nöte. In der Oberen Stadt funktionierte man die riesigen Felsenkeller zu Luftschutzbunkern um, und Gasthöfe und Schulen wurden zu Hilfslazaretten; die Fabriken produzierten „kriegswichtige Produkte". Ab 1944 begann auf der Festung der Ausbau eines Teils der Kasematten und anderer Räume zur Errichtung von Produktionsanlagen für die Messerschmitt-Werke durch die Organisation Todt. Zum Glück für Kronach wurden die Einbauten aber nicht mehr fertig, und die Festung blieb von alliierten Bomben verschont. Einen kleinen Teil dieser Umbauten kann man auch heute noch im Festungsbereich registrieren.

Erst ganz am Ende des Krieges, beim Einmarsch der Amerikaner, gingen Artilleriebeschuß und Bombenabwürfe auf Kronach nieder. Das schönste Fachwerkhaus der Stadt, der Gasthof „Goldener Wagen", ging in Flammen auf; die Häuserzeile am Strauer Torweg und etliche Häuser in der Schwedenstraße wurden stark beschädigt oder zerstört.

In dieser Straße, einer der Hauptverkehrsadern der Unteren Stadt, fand man vor einigen Jahren bei Bauarbeiten noch eine große, funktionstüchtige Fliegerbombe – direkt neben der Stadtmauer, wo einst die Schweden ihre Bresche geschossen hatten.

Gleich nach dem Krieg diente die Festung zunächst als Durchgangslager für deutsche Kriegsgefangene, allerdings nur einige Monate lang. Es gibt heute noch einige ältere Kronacher, die davon erzählen, daß sie hier einsitzen mußten. Über diverse Fluchtwege war es ihnen aber möglich, immer zu ihren Familien zu kommen und trotzdem beim täglichen Appell wieder an-

Kronach
Hotel Goldener Wagen
Inh. Julius Koch

wesend zu sein. Nach dieser Phase kamen Flüchtlinge aus dem Osten in die Festung, vor allem Menschen aus dem jugoslawisch-rumänischen Raum, die sich zum Teil dann hier in Kronach ansiedelten. Der Zustrom der Flüchtlinge war so stark, daß auf der Hofwiese Baracken errichtet werden mußten: Die Zahl der Bewohner Kronachs stieg im Jahre 1945/46 um ein Drittel auf 12 500 Menschen an.

Die Lage in der Stadt normalisierte sich erst allmählich, und am 27. Januar 1946 kam es zu den ersten freien Gemeindewahlen. Besonders wichtig war für die Kronacher der 23. Juni 1947, als erstmals seit dem Verbot von 1941 wieder die Schwedenprozession zur Festung stattfinden durfte. Vom 11. bis zum 21. August 1949 brach dann, nach zehn Jahren Unterbrechung, endlich wieder die „fünfte Jahreszeit" an, das Freischießen, allerdings noch ohne Schießbetrieb.

In den fünfziger Jahren ging die Einwohnerzahl Kronachs wieder etwas zurück. Durch die Teilung Deutschlands und die Zonengrenze, die den Landkreis Kronach an drei Seiten umgab, wurden die Bevölkerung und die Wirtschaft von ihren alten Verbindungen nach Thüringen und Sachsen völlig abgeschnitten, was weitreichende Folgen mit sich brachte. Nicht nur die Möglichkeit, wie früher in Sonneberg, Saalfeld oder Lehesten einzukaufen, zu arbeiten oder Handel zu betreiben, war verloren, oft genug zerschnitt die Grenze auch familiäre Bande zwischen nur wenigen hundert Metern auseinanderliegenden Dörfern. Die enormen Standortnachteile

Das schönste Fachwerkhaus in Kronach, der Gasthof „Goldener Wagen", wurde im April 1945 beim Einmarsch der Amerikaner ein Raub der Flammen

Das Freischießen in Kronach war schon um 1900 ein Erlebnis für die Bevölkerung des Frankenwaldes

für die Wirtschaft und ihre Auswirkungen konnten wenigstens teilweise durch verstärkte Industrieansiedlung wieder aufgefangen werden, wodurch viele neue Arbeitsplätze im Elektronik-, Kunststoff- und Metallbereich entstanden. Kronach entwickelte sich nach und nach zu einem wichtigen Industriestandort in der Region. Als Beispiel hierfür sei kurz die Entwicklung der Firma Loewe Opta skizziert: Am 5. August 1947 beschloß der Stadtrat von Kronach, der Opta-Radio, damals in Küps, 9000 Quadratmeter Grund auf Pacht zur Verfügung zu stellen, und bereits 1948 ging der Betrieb in den neu errichteten Hallen mit etwa 180 Mitarbeitern in die Fertigung. Als erste Produkte gingen die Rundfunkgeräte „Kronach" und „Lauenstein" vom Band. Im Jahre 1951 machte Loewe die ersten Versuchssendungen für Fernsehen nach dem Krieg und baute dann die ersten Fernsehgeräte. Auch heute noch werden Fernseher in Kronach erzeugt, daneben Btx-Geräte, Autoelektronik und vieles mehr. Die Loewe Opta GmbH ist zwar kein Riese der Elektronikindustrie, aber ein sehr innovativer Betrieb mit hoher Leistungsfähigkeit.

Eine neue Phase für die Entwicklung Kronachs brachte die Grenzöffnung 1989 mit sich. Ein wahrer Strom von Besuchern aus den östlichen Gebieten ergoß sich über Kronach, gleich ob Wochenende oder Wochentag. Die Begeisterung über diese Entwicklung hat sich inzwischen etwas gelegt. Der rasche Anstieg des Straßenverkehrs und die dafür fehlenden Verkehrswege brachten große Schwierigkeiten mit sich, und auch die Arbeitsplatzentwicklung scheint für die nahe Zukunft nicht besonders rosig. Es droht erneut die Abwanderung von Industrie und Bevölkerung in die umliegenden, wirtschaftlich geförderten, östlichen Landkreise. Durch den Wegfall der Zonenrandförderung und der AB-Maßnahmen ist es vielfach nicht mehr möglich, geplante und dringend nötige Vorhaben, gerade auch auf dem kulturellen Sektor, durchzuführen. Es scheint, als ob die Abwanderung von Spitzenkräften aus dem Landkreis wieder verstärkt in Gang gekommen sei.

Die kirchlichen Verhältnisse und das religiöse Leben

Die kirchliche Topographie Kronachs tritt auf älteren handgezeichneten Karten und auf Stichen eindrucksvoll in Erscheinung: Neben dem hohen Turm der Johannes dem Täufer geweihten Pfarrkirche der Stadt weist eine Reihe von kleineren Türmen und Dachreitern auf die weiteren kirchlichen Institutionen und Gebäude hin. Der Banzer Benediktiner und Bamberger Mathematikprofessor Johann Baptist Roppelt hat die Situation in seiner zu Ende des Alten Reiches (1801) in Bamberg gedruckten *Historisch-topographischen Beschreibung des Kaiserlichen Hochstifts und Fürstenthums Bamberg* in folgenden Sätzen knapp umschrieben:

„Kirchen sind zu Kronach: die Pfarrkirche, dem H. Johannes dem Täufer geweiht, Bürgermeister und Rath ist Patronus Ecclesiae, eine Kapelle zur H. Anna, dann eine andere Kapelle zum H. Martinus mitten in der Stadt, eine Kapelle beym Spital zu St. Anna, Martha und Elisabetha, eine Kapelle auf dem Leichhofe zum H. Nicolaus, eine Kapelle auf dem Schloße, eine Kirche auf dem Kreutzberge, die einen Curator aus dem Bambergischen Clerus hat, und ein Franziscaner Kloster mit einer Kirche, welches anfangs für 18 Personen bestimmt war, nun aber zu etlichen 30 angewachsen ist."

✳✳✳

Es ist anzunehmen, daß schon die Burg *Crana* der Schweinfurter eine grundherrliche Eigenkirche besaß, deren Seelsorgsbezirk die gleichnamige Herrschaft bildete und die selbst zur Mutterkirche der in diesem Herrschaftsbereich entstehenden Kirchen wurde. Diese Annahmen werden durch die Tatsache gestützt, daß sich der spätere Kronacher Pfarrsprengel mit dem bischöflichen Gerichtssprengel deckte. Die späteren Rechtsverhältnisse erlauben zugleich den Schluß, daß die Pfarrechte bereits in die Zeit vor der im Jahr 1007 erfolgten Gründung des Bistums Bamberg zurückreichen, Kronach somit als eine der Würzburger Großpfarreien aus der Zeit vor der Jahrtausendwende angesehen werden darf. Nach dem Aussterben der Markgrafen von Schweinfurt 1057 gelangte der Fronhof Kronach über Judith von Schweinfurt, die Gemahlin Herzog Břetislavs von Böhmen, an die Přemysliden und wurde von Břetislavs Enkel Udalrich von Mähren an den deutschen König Heinrich IV. abgetreten. Heinrich V. hat dieses Gut einschließlich der Kirche dann zum Dank für die Mitwirkung Bischof Ottos I. des Heiligen von Bamberg am Zustandekommen des Wormser Konkordats an die Bamberger Bischofskirche geschenkt. Das Recht auf Verleihung der Kronacher Kirche stand seither dem Bischof von Bamberg zu.

Der sogenannte *Codex Udalrici*, eine um 1125 im Benediktinerkloster auf dem Michelsberg bei Bamberg zusammengestellte Sammlung von Urkunden und Briefen zur Geschichte Bambergs und des Reiches, enthält das Formular einer als solcher nicht erhaltenen Urkunde, nach welchem der Kaiser eine namentlich nicht genannte Pfarrkirche zum Gedächtnis an seine Eltern, zum Besten des Reiches und zum

Bischof Heinrich I. von Bamberg (reg. 1242–1257) inkorporiert 1256 die Kirche in Kronach, deren Patronatsrecht ihm zusteht, dem Bamberger Domkapitel als Oblei

Heil seiner Seele der Kirche des heiligen Petrus, also der Bamberger Domkirche, geschenkt habe. Nach den zuvor aufgeführten Angaben kann es sich bei der ungenannten Kirche nur um die Pfarrkirche zu Kronach handeln. Das Formular steht damit offensichtlich in großer Nähe zur Schenkungsurkunde Heinrichs V. von 1122 über das Gut Kronach (*praedium Chrana*) und ergänzt diese Urkunde in willkommener Weise.

Zum Jahr 1180 ist erstmals ein Kronacher Pfarrer namentlich faßbar: *Albertus barrochianus de Chranaha*. Im gleichen Jahr übertrug Bischof Otto II. von Bamberg dem Zisterzienserkloster Langheim die bis dahin zum Ausstattungsgut der Pfarrei Kronach gehörigen Ortschaften Alt-Posseck (*Antiqua Pascik*), Richcendorf (abgegangen, bei Neukenroth) und Reitsch (*Richs*) zusammen mit den von der Pfarrei Kronach um sechs Talente abgekauften Zehnten und überließ dem Langheimer Konvent zugleich die Zehnten von allen Neubrüchen des Klosters. Zur Entschädigung der Pfarrei Kronach sollte der Pfarrer aus der Ablösungssumme für die drei Ortschaften das Dorf Pfaffendorf anlegen. 1197 ließ Bischof Timo von Bamberg den Kronacher Pfarrer namens Konrad für den Verlust der Zehnten entschädigen, nachdem dessen Amtsvorgänger die beiden Pfaffendorf der Pfarrei entfremdet habe. Bei dem hier genannten zweiten Ort des Namens Pfaffendorf dürfte es sich um den abgegangenen Ort namens *Belik* gehandelt haben.

Gut ein halbes Jahrhundert später, am 28. April 1256, inkorporierte Bischof Heinrich I. von Bilversheim dem durch die Kriegswirren in den Auseinandersetzungen um das Erbe der Grafen von Andechs-Meranien in seinen Einkünften geschädigten Bamberger Domkapitel die Pfarrkirche zu Kronach als Oblei mit der Auflage der Bestellung eines Ewigvikars. Die zumeist aus frommen Stiftungen einzelner Güter und

Liegenschaften entstandenen Obleien wurden jeweils zur Nutzung unter die stimmberechtigten Mitglieder des Domkapitels verteilt. Die domkapitlische Oblei Kronach nahm unter den Obleien von Anfang an eine Sonderstellung ein. Mit der Inkorporation der Kronacher Pfarrkirche gingen das Patronatsrecht auf die Pfarrkirche und die Einkünfte der Pfarrei, d. h. vor allem der Pfarrzehnt, an den jeweiligen Inhaber der Oblei im Kreis der in Bamberg präbendierten Domkapitulare über. Aus den Einnahmen hatte dieser jeweils eine festgelegte Summe als Canon an die domkapitlische Obleikasse abzuführen. Die Gesamtsumme des Einkommens aus den Pfarrzehnten war in Kronach im Vergleich zu anderen Pfarreien stets hoch; 1364/67 bestand das Oblegium aus den Zehnten aus 19 Dörfern mit einer Verlaßsumme von 202 Pfund Heller jährlich. Das Obleiurbar von 1461 verzeichnet Zehnten in 33 Dörfern, das von 1554 „bei 40 zehent". Seit der Mitte des 15. Jahrhunderts betrug die jährliche Verlaßsumme um 220 fl. Die Zahl der Zehnten blieb bis in das 19. Jahrhundert im wesentlichen gleich hoch. Statt der Geldsumme werden im 18. Jahrhundert Getreidelieferungen aufgeführt; 25 sr. (Sümmer) Weizen, 370 sr. Korn, 320 sr. Hafer, 300 sr. Gerste, zusammen ca. 1000 sr. Kronacher Maß, was ungefähr 2600 sr. Bamberger Maß entsprach. Im Obleiurbar von 1461 werden Zehnten aus folgenden Ortschaften als Zubehör der Oblei Kronach aufgeführt: Birkach, Birnbaum, Brauersdorf, Burgstall, Dörfles, Eibenberg, Eichelberg, Eila, Eichitz, Entmannsdorf, Friesen, Gundelsdorf, Horb (abgegangen), Glosberg, Knellendorf, Konreuth (?), Lindenberg, Mitwitz, Neukenroth, Neuses, Rotschreuth, Reitsch, Roßlach (zweimal), Rotheul, Schwärzdorf, Stockheim, Streßenberg, Traindorf, Vonz, Welitsch, Wenigengrub (?), Wolfersdorf sowie der Reutzehnt zu Bürg.

Die Auflistungen der Zehntleistungen erlauben Rückschlüsse auf den Umfang des alten *praedium Chrana* und damit auch über den des alten Kronacher Pfarrbezirks, der offensichtlich weitgehend mit der Grenze des *praedium Chrana* übereingestimmt hat. Die Grenze des *praedium Chrana* griff nach Westen über die alte Grenze zwischen dem Ratenzgau und dem Grabfeld hinaus, wie sich vor allem aus einer Urkunde des Bamberger Bischofs Egilbert aus dem Jahr 1142 ergibt, mit der dieser seine Kirchengüter bei Kronach zwischen Lindenberg, Burgstall und dem Steinachfluß an das Benediktinerkloster auf dem Michelsberg bei Bamberg vertauschte. Die Pfarreien Mitwitz und Schierschnitz sind erst zu Ende des 15. Jahrhunderts etwa gleichzeitig vom Sprengel der alten Mutterpfarrei Kronach abgetrennt worden. Nach Ausweis der Patronatsrechte war die neue Pfarrei Mitwitz die Gründung des adligen Herrschaftsbesitzers, die neue Pfarrei Schierschnitz eine Gründung von der Mutterpfarrei Kronach aus; das Patronatsrecht hatte hier der Kronacher Pfarrer inne. Neben Mitwitz und Schierschnitz sind auch die Kirchen Weißenbrunn, Küps, Burggrub, Neukenroth, Rothenkirchen, Teuschnitz, Lahm, Nordhalben und Steinwiesen von der Mutterkirche und -pfarrei Kronach abgetrennte Tochterpfarreien. Von mehreren dieser jüngeren Pfarreien wurden später selbst wieder eigene Tochterpfarreien abgetrennt, so Heinersdorf von Rothenkirchen, Windheim und Tschirn von Teuschnitz, Effelter von Lahm sowie Neufang von Steinwiesen.

Die kirchliche Bedeutung Kronachs wurde schon im 12. Jahrhundert durch die Erhebung zu einem der insgesamt vier Archidiakonatssitze der Diözese Bamberg betont. Von den vier Bezirken – Bamberg, Kronach, Hollfeld und Eggolsheim-Nürnberg – war der Kronacher der räumlich bei weitem ausgedehnteste; gegen Ende des 14. Jahrhunderts umfaßte dieser Sprengel über siebzig Pfarrsprengel. Als Archidiakon fungierte jeweils ein Bamberger Domherr.

Er nahm wichtige kirchliche Verwaltungsaufgaben wahr. Für den Archidiakonatsbezirk Kronach setzt die Reihe der namentlich bekannten Archidiakone um die Mitte des 12. Jahrhunderts ein.

Die Pfarrkirche St. Johannes und die Kapellen St. Martin, St. Nikolaus und St. Anna

Die dem heiligen Johannes dem Täufer geweihte Pfarrkirche zu Kronach ist in der heutigen Form in der Zeit vom 14. bis in das 16. Jahrhundert entstanden. In schriftlichen Quellen ist sie seit der Mitte des 14. Jahrhunderts faßbar. 1345 stiftete der Bamberger Domdekan Friedrich von Hohenlohe als Oberpfarrer von Kronach 60 Pfund Heller zur Vollendung des von ihm begonnenen Turmbaus an die Pfarrkirche. Ein Ablaßbrief Bischof Albrechts von Wertheim aus dem Jahr 1404 für die Kronacher Pfarrkirche St. Johannes sowie für die Kapellen St. Martin und St. Nikolaus nimmt auf den älteren Bau der Pfarrkirche Bezug: Der Ablaß wurde zugunsten des eingestürzten Hauptbaus der Kirche und zur Beschaffung der notwendigen liturgischen Bücher für die Kirche erteilt. Bei dieser Gelegenheit werden drei Altäre genannt, die der Muttergottes, den zwölf Aposteln, speziell Petrus und Paulus, sowie den Bistumspatronen Heinrich und Kunigunde geweiht waren.

Über den weiteren Fortgang der Baumaßnahmen geben Ablaßbriefe aus den Jahren 1452 und 1496 Aufschluß. Die herausragende Sandsteinfigur des Kirchenpatrons St. Johannes am Nordportal des chorartigen Westbaus der Pfarrkirche wird neuerdings Lucas Cranach d. Ä. zugeschrieben. Sie trägt an der Bodenplatte die Namensinschrift *hans hartlin* und die Jahreszahl 1498. Entgegen der Auffassung, daß diese Skulptur erst später an den Westchor versetzt wurde, haben neuere Untersuchungen gezeigt, daß sie im Mauerverbund mit diesem steht und dieselben Steinmetzzeichen wie dieser aufweist. Ein guter Kenner der fränkischen Kunst hat das Portal als „das schönste (...) dieser Zeit in Franken" bezeichnet (Joachim Hotz). Der Meister des Westchores, einer hohen, dreischiffigen Halle, dürfte aus Obersachsen nach Kronach berufen worden sein. Der Turm der Pfarrkirche wurde nach der Mitte des 16. Jahrhunderts erhöht; vermutlich nach 1600 wurde die nachgotische Westempore eingebaut. Von der aufwendigen früh- und hochbarocken Ausstattung sind noch wichtige Teile, darunter auch einige Altarbilder, erhalten. Sie befinden sich heute zum Teil im Frankenwaldmuseum auf der Festung Rosenberg. Die 1654/55 von Friedrich Schmidt aus Büttstätt in Thüringen auf Holz gemalte Darstellung des Jüngsten Gerichts an der östlichen Stirnwand des Westchores wurde in der Amtszeit des Kronacher Pfarrers Molitor (1784–1809) durch einen Lattenrost mit Kalkverputz zugedeckt. Das monumentale Bild wurde zwar 1957 freigelegt, lag aber seither unbeachtet auf dem Dachboden der Kirche. Erst in allerjüngster Zeit wurde das inzwischen stark beschädigte Werk wiederentdeckt.

Die Deckenfresken Friedrich Schmidts im Mittelschiffgewölbe und in den Gewölben der Seitenschiffe mit Darstellungen der fünfzehn Geheimnisse des Rosenkranzes bzw. alttestamentlichen Darstellungen wurden unter Pfarrer Molitor verputzt; ihre Freilegung steht noch aus. In den Jahren 1861/67 erhielt die Kirche eine neugotische Einrichtung, die bei der Restaurierung in den Jahren 1957 ff. wieder entfernt wurde.

Von den beiden im Ablaßbrief von 1404 erstmals genannten Kapellen lag die dem Frankenheiligen St. Martin sowie weiterhin den heiligen Vitus, Maria Magdalena und Katharina geweihte Kapelle damals wohl vor der nördlichen Häuserflucht des Martinsplatzes. 1597 ließ der Kronacher Rat die von seinen Vorfahren erbaute, den *commercien* und *gewerbsachen* hinderliche Kapelle mit Erlaubnis des Bamberger Bischofs abtragen und nach einer Sammlung unter der Kronacher Bürgerschaft ein Stück weiter südlich bei der Alten Kemenate auf der Leher Hofstatt wieder aufbauen. Als Baumeister fungierte der auf der Veste tätige Heinrich Hellerstein aus Wanfriedt in Hessen-Nassau, dem für dieses Werk bei der Einbürgerung in Kronach das Bürgergeld in Höhe von 10 fl. erlassen wurde. Die neue Martinskapelle wurde im Jahr 1601 durch den Bamberger Weihbischof Johann Ertlin geweiht. 1725 stiftete der Kronacher Bürgermeister Johann Friedrich Schubert d. Ä. eine jeweils am Dienstag, dem Tag der Ratssitzungen, zu feiernde Messe, zwei Jahre später einen neuen Altar zu Ehren des heiligen Johannes von Nepomuk, der auch sonst als Flößerpatron in Kronach hohe Verehrung unter dem gläubigen Volk genoß. Die neue Martinskapelle wurde zu Beginn des 19. Jahrhunderts profaniert. Ein Teil des Chores blieb in umgebauter Form bis nach dem Zweiten Weltkrieg erhalten. 1957 wurde auf dem Areal der Martinskapelle ein Friedhof gefunden, wobei jedoch die Entstehungszeit nicht näher bestimmt wurde; eine Belegung des Friedhofs in karolingischer Zeit ist nicht auszuschließen. Die verschiedentlich in der Lokalforschung angesprochene Übereinstimmung der Patrozinien St. Johannes der Täufer und St. Martin in Kronach mit jenen der Kirchen in Forchheim bedarf nochmaliger Interpretation: In Kronach trägt die heutige Pfarrkirche das Täuferpatrozinium, in Forchheim das Martinspatrozinium. Für die Annahme einer Gründung der Martinskapelle durch den Tempelherrenorden, wie sie gelegentlich geäußert wurde, gibt es in den Quellen keinerlei Anhaltspunkte.

Die wie die Martinskapelle bei der Ablaßverleihung von 1404 genannte Nikolauskapelle lag am Südostrand der Stadt; auch sie war Friedhofskapelle. 1572 wurde sie durchgreifend erneuert. Die noch erhaltene Kapelle enthält eine Reihe wertvoller Kunstwerke, von welchen sich die Holzbilder an der Emporenbrüstung aus dem Ende des 16. Jahrhunderts als Stiftungen von Kronacher Bürgern identifizieren lassen und damit als wichtige Zeugnisse bürgerlicher Stiftungsfrömmigkeit zu werten sind.

Die Errichtung der der heiligen Anna geweihten Kapelle nordöstlich der Pfarrkirche St. Johannes fällt in die Blütezeit der Anna-Verehrung in Deutschland um 1500. Die besondere Vorliebe für die Verehrung der Mutter Marias hing eng mit der vor allem von seiten der Humanisten geförderten Hochschätzung der Unbefleckten Emp-

Johannes der Täufer. Neuerdings Lucas Cranach d. Ä. zugeschriebene Skulptur vom Nordportal der Stadtpfarrkirche St. Johannes d. T., 1498

Die zweigeschossige Kapelle St. Anna nordöstlich der Pfarrkirche

fängnis Marias zusammen. Anna galt zugleich als besondere Patronin der Bergleute. Die Vermutung liegt nahe, daß die beim Bau der Pfarrkirche tätigen Bauleute aus Sachsen die Verehrung der in ihrer Heimat, speziell in Annaberg, besonders populären Heiligen in Kronach intensiviert haben. Die in den Jahren 1512/13 auf die Zwingermauer der Stadtbefestigung aufgesetzte Annakapelle stellt nach Tilmann Breuer das *eigenartigste kirchliche Bauwerk* Kronachs überhaupt dar. Nach älterer Lokaltradition – belegt bereits durch das Visitationsprotokoll von 1617 – hätte der Meister des Westbaus der Pfarrkirche mit dem Bau der Annakapelle eine Probe seines Könnens geliefert; die aufgefundenen Steinmetzzeichen an den beiden Bauten sprechen jedoch gegen diese Tradition. Das erste Obergeschoß der Kapelle wurde als Beinhaus genutzt, das zweite Obergeschoß bildete den eigentlichen gottesdienstlichen Raum. Dieser wird durch einen hexagonal gewundenen Pfeiler in zwei Schiffe bzw. zwei Joche geteilt und von einem reichen Netzgewölbe überspannt. Für die Besucher der Kapelle wurden in den Jahren 1519, 1680 und 1754 unter bestimmten Bedingungen Ablässe gewährt; u. a. gehörte die Teilnahme an der in der Kapelle gefeierten Salve-Regina-Andacht zu den für die Ablaßgewährung vorgeschriebenen Leistungen.

Meßstiftungen und Benefizien

Eine Reihe von Meßstiftungen an Altäre in der Pfarrkirche und in den Kapellen zeigt das wachsende Bedürfnis innerhalb der Kronacher Pfarrei an gottesdienstlichen Feiern an. 1349 stifteten die Kronacher Bürger Konrad genannt von der Kappen, Eberhard von Kotzau, Otto und Konrad, die Söhne des verstorbenen Konrad von Kotzau sowie Heinrich Zolner und sein Sohn Wolfram eine Frühmesse am Heinrichs- und Kunigundenaltar. Diese sollte täglich, außer an den sieben Opfertagen, gehalten werden. Die von dem Kronacher Pfarrer Konrad Birkner 1417 testamentarisch auf den Marienaltar der Pfarrkirche gestiftete Mittelmesse wurde nach Zustiftungen 1422 durch den Bamberger Bischof Friedrich III. von Aufseß bestätigt. Die auf den Marienaltar gestiftete Mittelmesse wurde um die Mitte des 15. Jahrhunderts in zwei selbständige Benefizien getrennt: die Engelmesse am Marienaltar und die Apostelmesse. An der Pfarrkirche kamen als weitere Benefizien im 15. Jahrhundert noch das der heiligen Pestpatrone Fabian und Sebastian sowie das der Heiligen Drei Könige hinzu, letzteres eine Stiftung der Familie von Redwitz.

In der Burgkapelle der Veste Rosenberg

sind in der zweiten Hälfte des 15. Jahrhunderts zwei Apostelaltäre belegt: der eine geweiht zu Ehren der heiligen Simon und Juda, der andere zu Ehren der heiligen Philippus und Jacobus sowie der heiligen Katharina. Auf den Philippus- und Jacobus-Altar stiftete die Witwe Kunigunde Hirsperger von Kronach in ihrem Testament eine Messe, die 1476 eine Zustiftung erfuhr. 1486 wurden die mit den beiden Apostelaltären verbundenen Vikarien durch den Bamberger Bischof Philipp von Henneberg bestätigt und vereinigt. Das Patronatsrecht über beide Vikarien stand dem fürstbischöflichen Kastellan zu. Offensichtlich war das Jahr der Vereinigung der Vikarien auch das Jahr der Fertigstellung der Burgkapelle in ihrer im Kern bis heute erhaltenen Form: Am südlichen Pfeiler findet sich ein Relief mit den Wappen des Hochstifts und des Fürstbischofs, die Jahreszahl 1486 und die Inschrift „Philip[pus] von got[es] gnaden bischoff zv babenberck graf herr zv henneberck". Der nördliche Pfeiler trägt ein Relief des Gnadenstuhls und die Inschrift „Domine ih[esu]v chr[ist]e fili dei vivi at[que] intemerate virginis Marie benedic dom[um] ista[m] et o[mn]es habi[t]a[n]tes in ea benediccione[m] consequantur eternam". (Herr Jesus Christus, Sohn des lebendigen Gottes und der unbefleckten Jungfrau Maria, segne dieses Haus und alle, die darin wohnen; der ewige Segen möge ihnen zuteil werden).

Während des Dreißigjährigen Krieges entstand als Folge eines Gelübdes in der Pestepidemie des Jahres 1634 nach dem Abzug der Schweden „ufm Weinberg ob Cronach" die Kreuzbergkapelle mit einer eigenen Meßstiftung. Die Kapelle wurde schon 1642 benutzt, in den folgenden Jahren aber noch erweitert. Die erste Weihe erfolgte 1645 im Beisein des damals noch nicht zum Priester und Bischof geweihten Melchior Otto Voit von Salzburg durch den Weihbischof Dr. Johann Schoner. Nach Anfügen der querschiffartigen Seitenkapellen seit Ende der fünfziger Jahre des 17. Jahrhunderts wurde die Kapelle 1661 durch den Langheimer Abt Mauritius Knauer erneut konsekriert. Die bei der Kapelle errichtete Klause reicht im Kern in das 17. Jahrhundert zurück. 1739 wurde der zur Kapelle führende Kreuzweg errichtet. Zwischen 1728 und 1791 versahen vier Einsiedler den Dienst an der Kapelle. In der Folgezeit wurde das mit einer Meßstiftung verbundene Benefizium von der Stadt aus versehen. Anläßlich der 300-Jahr-Feier der ersten Einweihung der Kreuzkapelle fand wenige Monate nach dem Ende des Zweiten Weltkriegs ein Fest- und Dankgottesdienst auf dem Kreuzberg statt, an dem Erzbischof Otto Kolb teilnahm und bei dem der damalige Kreuzbergbenefiziat Edmund Farrenkopf die Festpredigt hielt.

Das Bürgerspital und das Franziskanerkloster

Die Errichtung des Kronacher Spitals für arme Altersschwache und Gebrechliche fällt in den Beginn der sechziger Jahre des 15. Jahrhunderts, als ähnliche Einrichtungen auch anderwärts in den Städten des Hochstifts Bamberg gestiftet wurden. Das der heiligen Martha, der *Bewirterin Christi*, und der heiligen Witwe Elisabeth gewidmete Spital erscheint rechtlich als Stiftung des Kronacher Rates. Zu den Hauptzustiftern in der Entstehungsphase gehörten der fürstbischöfliche Amtmann und Ritter Georg von Zeyern und dessen Ehefrau Anna, die in den Jahren 1464/65 allein drei Pfründen für arme Bedürftige stifteten. In ihre Stiftung von 1464 war die alljährliche Kleidung von zwölf Hausarmen am Tag nach dem St. Martinstag eingeschlossen. Der Rat verpflichtete sich seinerseits, für Georg und Anna von Zeyern nach ihrem Tod alljährlich einen Jahrtag mit Vigil in der Kronacher Pfarrkirche halten zu lassen. Nach Ausweis der bereits 1463 einsetzenden Spitalrechnungen beteiligten sich zahlreiche

53

Stifterrelief an der Chorstirnwand der Spitalkapelle St. Anna: Kreuzigungsgruppe mit anbetenden Stifterfiguren (Georg und Anna von Zeyern), um 1464

Gönner aus der Stadt und aus dem Umland am Ausbau der Stiftung; genannt werden u.a. Martha von der Cappel, Endres von Zeyern, Hans von Haslach, der Neukenrother Pfarrer Johann Schilling, die geistliche Bruderschaft zu Kronach, Michel Fleischmann, Hans Jacob, Johann Pantzer, Heintz Junkher und Cunz Schmidt. Zu den Initiatoren der Einrichtung ist der Kronacher Pfarrer Johannes Ultsch zu zählen, der sich auch sonst Verdienste um das Kronacher Kirchenwesen erworben hat. Bereits am 8. Oktober 1462 hatte Bischof Georg I. von Schaumberg die Stiftung bestätigt.

Die Zahl der in das Spital aufzunehmenden Pfründner stieg von ursprünglich insgesamt acht (einschließlich der von Georg und Anna von Zeyern gestifteten Plätze) bis 1515 auf zwölf Pfründen an und blieb dann jahrhundertelang konstant. Nach der Spitalordnung hatten sich die Pfründner u. a. mit den vom Spitalmeister beschafften und von der Spitalköchin angerichteten Speisen zu begnügen und sollten beim Brotschneiden das gebührende Maß einhalten. Außer bei Krankheit hatten die Pfründner die spitaleigenen Felder und Waldungen mit zu beaufsichtigen und bei der Heu- und Grummeternte sowie bei der Hausarbeit mitzuhelfen.

Das Spital wurde am Südrand der Altstadt an der Kronach durch einen Steinmetzmeister namens Paul erbaut. Die Weihe der Spitalkapelle erfolgte nach dreijähriger Bauzeit 1467. Im Jahre 1470 wird ein dem heiligen Stephanus geweihter Altar in der Kapelle erwähnt. Neben den Spitalpatroninnen Martha und Elisabeth wurde schon früh die heilige Anna besonders verehrt; sie stieg zu unbekanntem Zeitpunkt zur Hauptpatronin des Spitals auf. Eine um 1500 entstandene spätgotische Wendelinstatue wurde im Lauf der Zeit zum legendären *Gründungshirten* des Spitals umgedeutet, durch dessen Geldfund die Errichtung des Spitals ermöglicht worden sei. Die Statue schmückt heute den Eingangsbereich des Bürgerspitals. An der Spitalkapelle erinnern innen und außen zwei figürliche Reliefs an die Stiftungen des Georg und der Anna von Zeyern.

Die während des Dreißigjährigen Krieges dem Spital zugefügten Schäden wurden in den Jahren 1644/45 behoben. In den Jahren 1715 bis 1718 wurden die Spitalgebäude nach Plänen von Johann Dientzenhofer neu erbaut; in den darauffolgenden Jahren erhielt die erweiterte Spitalkapelle eine barocke Ausstattung. 1804 wurde dem Spital das bereits aus dem 16. Jahrhundert stammende *Franzosenhaus* und das seit 1699 als Lazarett geführte Armenhaus inkorporiert. 1908 wurde auch das 1615 neu gegründete, den Patienten mit ansteckenden Krankheiten vorbehaltene Siechhaus mit dem Spital vereinigt. Das 1821 westlich des Spitals als *Wohltaetigkeitsanstalt* errichtete Krankenhaus, seit 1865 Bezirkskrankenhaus, wurde 1957 durch einen Gang an das Spitalgebäude angebunden. Die Betreuung der Spitalinsassen übernahmen vor über hundert Jahren Schwestern vom göttlichen Erlöser (Niederbronner Schwestern) aus dem Provinzmutterhaus Neumarkt, die das heute als Altenheim mit 32 Heimplätzen geführte Haus in vorbildlicher Weise betreuen. Zwischen 1988 und 1991 wurde das Haus von Grund auf saniert und stellt nun eine den modernen Anforderungen entsprechende caritativ-soziale Einrichtung dar.

Zu Ende des Dreißigjährigen Krieges bemühte sich der Kronacher Rat um die Errichtung einer Niederlassung des Franziskanerordens in der Stadt. Die Mitglieder des *Barfüßerordens* sollten, wie es im Ratsprotokoll heißt, „mit Celebrirn, Predigen und Kinderlehrhalten und andern guten Werckhen" beauftragt werden. Gedacht war an drei Ordensmitglieder, zwei Priester und einen Laienbruder, zu deren Benutzung die Martinskapelle und ein Wohnhaus in deren Nähe zur Verfügung gestellt werden sollten. Da sich dieser Plan nicht realisieren ließ, wurden die Spitalkapelle und Räume im Spital als vorläufige Wirkungsstätte für die Franziskaner bestimmt. Gegen den anhaltenden Widerstand des damaligen Kronacher Pfarrers und Dekans Thomas Fischer, der eine Schmälerung der Pfarreinkünfte befürchtete, zumal der Rat den Franziskanern auch die Besorgung der Gottesdienste auf dem Kreuzberg übertragen hatte, entwickelte sich das neue Hospiz rasch zu einem geistlichen Mittelpunkt der Stadt. Ausdrücklich erwähnt wird der Anstieg der Kommunionspendungen seit dem Einzug der Barfüßer in die Stadt. Obgleich das Provinzialkapitel der zuständigen Straßburger Observantenprovinz schon 1653 zu Bamberg den Bau eines neuen Klosters beschlossen hatte, konnte erst nach dem Tod Pfarrer Fischers 1669 tatsächlich mit den Baumaßnahmen begonnen werden. Das *Franziskanerheusle* in der Vorstadt sollte nach der damaligen Planung sieben oder acht Insassen aufnehmen können. Die Stadt beteiligte sich maßgeblich an den Kosten. Erhebliche Mittel stellte auch die Ordensprovinz zur Verfügung. Dazu kamen zahlreiche Spenden von seiten der Gläubigen aus der Stadt und aus dem Umland. Der Bau wurde entgegen den ursprünglichen, durch den Festungscharakter der Stadt bestimmten Vorschriften massiver als geplant ausgeführt, was zeitweilig sogar den Abbruch der Anlage erwarten ließ. 1670 konnte das Kloster jedoch bezogen werden, schon 1674 wurde es zum selbständigen Konvent erhoben. Es unterstand fortan der bischöflichen Jurisdiktion. Die 1682 fertiggestellte Kirche wurde zu Ehren des heiligen Petrus von Alcántara in Estremadura († 1562) geweiht, dem Gründer der franziskanischen Reformkongregation der Alcantariner und Ratgeber der heiligen Teresa von Ávila. Im Konvent lebten in der Folgezeit im Durchschnitt acht Patres und vier Laienbrüder. Sie suchten gemäß den strengen Forderungen des Patrons ihres Klosters ein Leben im Geist der Buße und in enger Verbindung von aktivem und kontemplativem Leben zu verwirklichen. Sie versahen u. a. den Gottesdienst unter den Katholiken in den protestantischen ritterschaftlichen Orten in der Umgebung sowie den Militärgottesdienst auf der Festung. Besondere Pflege erfuhr im Kloster die Kreuzwegandacht. Zur Errichtung der Kreuzwegstationen auf dem Kreuzberg erschien 1739 ein eigenes Kreuzwegbüchlein. 1735 wurde der Dritte Orden des heiligen Franz von Assisi in Kronach errichtet.

Seit 1756 bestand ein *Marianisches Liebesbündnis* bei der Klosterkirche. Diese erhielt im 18. Jahrhundert eine vorzügliche Rokokoausstattung. Das 1803 säkularisierte Kloster diente gut zwei Jahrzehnte lang als Aussterbekloster und wurde 1829 durch Regierungsdekret aufgehoben. Nach dem Ankauf der Klostergebäude durch die Stadt dienten jene als Brauhaus für eine größere Anzahl privater Brauer, anschließend zeitweilig als Schulräume. 1927 zogen Oblaten der Makellosen Jungfrau, die zuvor sieben Jahre lang auf der Festung gewohnt hatten, in das ehemalige Franziskanerkloster ein. Die Angehörigen der 1816 in der Provence gegründeten Kongregation nahmen vor allem Aufgaben im Bereich der Volksmission wahr, standen aber auch für Aufgaben in der Pfarrei Kronach zur Verfügung. Die zeitweilig ganz gesperrte bzw. für Schulgottesdienste genutzte Klosterkirche St. Petrus von Alcántara wurde nach dem Einzug der Oblaten mehrfach erneuert, wobei der franziskanische Charakter der Kirche voll erhalten blieb. Das Oblatenkloster trägt heute den Namen des heiligen Bistumsgründers und Kaisers Heinrich.

Prozessionen und Wallfahrten

Vom reichen kirchlichen Prozessionswesen in früherer Zeit sind in vielen katholischen Pfarreien heute nur mehr die Umgänge am Fronleichnamstag und am Palmsonntag übriggeblieben. In Kronach bildet neben diesen beiden die bereits erwähnte, auf ein Gelübde beim Einfall der Schweden im Dreißigjährigen Krieg zurückgehende *Schwedenprozession* am Sonntag nach dem Fronleichnamstag ein bis heute lebendiges lokales kirchliches Ereignis. Eine besondere Rolle als Förderer spezieller Umgänge kam früher den geistlichen Bruderschaften zu. Für die Kapitelsbruderschaften Lichtenfels–Staffelstein–Kronach sind eucharistische Prozessionen für die Jahre 1344 und 1472, für die Fraternität Kronach–Teuschnitz für das Jahr 1435 belegt. Donnerstagsfeiern und Donnerstagsprozessionen zum Gedächtnis an die Einsetzung des Altarsakraments erscheinen in Quellen aus Kronach bereits in den Jahren 1421 und 1425. Auch bei den Trauergottesdiensten für verstorbene Bruderschaftsmitglieder waren Umgänge üblich; für Kronach ist eine solche Trauerprozession erstmals für 1482 belegt. Die für die Feststellung der früheren Pfarreizugehörigkeit aufschlußreichen Nennungen von Prozessionen an den Bittagen sind für die ehemaligen Kronacher Filialkirchen Glosberg und Friesen erstmals in Rechnungsbelegen 1692 faßbar.

Der früheste Beleg über eine von Kronach aus durchgeführte Einzelwallfahrt findet sich in der Überlieferung aus dem thüringischen Kloster Reinhardsbrunn: Danach suchte eine Jungfrau aus Kronach mit verdorrter Hand im 13. Jahrhundert das Grab des heiligen Landgrafen Ludwig von Thüringen in der Reinhardsbrunner Klosterkirche auf und wurde dort von ihrem Gebrechen befreit. Die Kronacher Gerichtsbücher enthalten mehrfach Einträge über Bußwallfahrten nach schweren Vergehen, so 1402 für zwei Wallfahrten nach Aachen nach vorausgehendem Mord. Hans Brentlein hatte nach Ausweis des Gerichtsbuches 1465 eine Wallfahrt nach Santiago de Compostela zu unternehmen. 1499 erklärte sich der Spitalpfründner Martin zu einer Romwallfahrt bereit und bestimmte für den Fall, daß er von dort nicht zurückkehren sollte, je einen Gulden aus seiner Habe für Bauausgaben an der Pfarrkirche, für das Spital sowie für die Spitalvikarie zu geben, wovon dreißig Messen für ihn gelesen werden sollten.

Gemeinsame Wallfahrten aus der Pfarrei Kronach wurden vor allem zur Heiligsten Dreifaltigkeit in Gößweinstein und zur Muttergottes von Marienweiher unternommen. Nach dem 1658 in Bamberg gedruckten Wallfahrtsbuch von Marienweiher des Franziskaners Adolph Brehm ereigneten sich 1650 auch zwei Wunderheilungen an einem Mann und einer Frau aus Kronach, die ihre Zuflucht zur Muttergottes von Marienweiher genommen hatten. Der Bürger aus Kronach war durch andauerndes Fieber so ausgezehrt gewesen, daß er sich schon auf den Tod vorbereitet hatte; die Kronacherin hatte viele Monate an Kopfschmerzen gelitten, so daß ihr schließlich „die Augen uberzogen und gantz zugepacken" waren. Nachdem sie eine jährliche Wallfahrt nach Marienweiher und nach Vierzehnheiligen gelobt hatte, sei der Schmerz vergangen und der Augenfluß versiegt. Nahwallfahrtsziele für die Gläubigen aus Kronach bildeten vor allem die Kreuzbergkapelle und die Wallfahrtskirche Maria Glosberg. Die wohl bereits im 16. Jahrhundert einsetzende Wallfahrt nach Glosberg blühte nach dem 1728 begonnenen Bau der Kirche und dem Besuch des Bamberger Fürstbischofs Friedrich Carl von Schönborn 1744 auf. Der Fürstbischof gestattete nach diesem Besuch den Kronacher Franziskanern, die schon zuvor als Beichtväter in Glosberg gewirkt hatten, die Errichtung eines Hospizes und erteilte ihnen den Auftrag zur Übernahme der Wallfahrtsseelsorge. Die Wallfahrt zum Gnadenbild, einer stehenden Muttergottesstatue aus der Zeit um 1460/1470, hielt auch nach dem Auszug der Franziskaner als Folge der Säkularisation (1810) an und lebte nach dem Zweiten Weltkrieg verstärkt auf. Zur Kreuzbergkapelle zogen bereits im 16. Jahrhundert Wallfahrer, u.a. aus Mainklein, Neufang, Neukenroth, Posseck, Steinwiesen und Zeyern.

Die evangelische Gemeinde

Die Glaubensüberzeugung Martin Luthers faßte in Kronach zwar verhältnismäßig früh Fuß, konnte sich in der fürstbischöflichen Amtsstadt jedoch zunächst nicht halten. Erfolgreich war die Reformation demgegenüber in den Adelsherrschaften im Umkreis von Kronach, wie Werner Ranzenberger jüngst in eindrucksvoller Weise dargelegt hat. Als Grund für das Scheitern der Reformation in Kronach in der Anfangsphase des Protestantismus läßt sich neben der engen Verbindung des späteren Bamberger Fürstbischofs Weigand von Redwitz zur Stadt – Weigand ist hier 1505/06 als Archidiakon belegt und war seit 1515 Oberpfarrer in Kronach, er verstarb hier während eines Aufenthalts auf der Veste Rosenberg 1556 an einem Herzversagen – vor allem der frühe Wegzug des evangelisch gesinnten Kronacher Pfarrverwesers Johann Grau nach Wittenberg anzuführen, der sich mit einer Kronacherin vermählt hatte und hier seine bereits zuvor in Leipzig begonnenen Studien fortsetzte. Grau erscheint wenig später als Sachwalter der Belange der Reformation in Oelsnitz im Vogtland und wurde anschließend Hofprediger in Weimar. 1527 ist ihm in Bamberg das Apostelbenefizium in Kronach aberkannt worden.

Nach den Seelenbeschrieben der katholischen Pfarrei Kronach des 17. und 18. Jahrhunderts gab es damals unter den Dienstboten und Soldaten in der Stadt jeweils eine gewisse Anzahl von Personen evangelisch-lutherischen Bekenntnisses, so z. B. 1702 unter insgesamt 304 Dienstboten 52 und unter insgesamt 87 Soldaten 14 Lutheraner. Die Zahl der in den Beschrieben gleichfalls aufgeführten Juden schwankte etwa um die 20 (1702: 23).

Die Zahl der evangelisch Gesinnten nahm in Kronach erst nach 1800 zu. Im Lauf des 19. und 20. Jahrhunderts gewann dann die evangelische Gemeinde in der zuvor nahezu ausschließlich katholischen Stadt zunehmende Bedeutung. Die konfessionellen Verhältnisse dieses Zeitraums zeigt die untenstehende Tabelle.

Seit 1858 bestand in Kronach ein ständiges Evangelisch-lutherisches Vikariat. Mutterpfarrei der Kronacher Gemeinde war die Pfarrei Schmölz. In den Jahren 1860/61 wurde die bestehende Kirche an der Ecke Johann-Nikolaus-Zitter-Straße und Strauer Straße nach Plänen von Zeidler durch Georg Zeuß erbaut. Von der ehemaligen neugotischen Ausstattung aus der Erbauungszeit sind u. a. noch mehrere Gemälde des ehemaligen Hochaltars (Auferstandener, Petrus, Paulus) des Kronacher Kunstmalers Lorenz Kaim († 1885) an Ort und Stelle erhalten. 1880 wurde das Vikariat zur Evangelisch-lutherischen Pfarrei erhoben. Dem weiteren Bedeutungsanstieg der Gemeinde und der Mittelpunktfunktion der evangelischen Kirche in Kronach entsprechend wurde 1924 das Evangelisch-lutherische Dekanat Kronach errichtet.

✶ ✶ ✶

Die hier in den Grundzügen vorgestellte Entwicklung der kirchlichen Verhältnisse und das an einigen Beispielen vornehmlich aus älterer Zeit exemplifizierte religiöse Leben in Kronach weisen neben den den Landstädten unter bischöflicher Herrschaft in Franken allgemein eigenen Zügen durchaus Besonderheiten auf, die sich u. a. durch die besondere Rechtslage der Pfarrei des Gutes Kronach, ihrer Grenzlage zum Bistum Würzburg sowie aus der hervorgehobenen Funktion Kronachs als einer der Hauptstädte des Hochstifts Bamberg und hochstiftischen Festung erklären lassen.

Jahr	Katholiken	Evangelische	Sonstige
1823	2824	62	
1840	2835	164	21
1852	2986	132	8
1867	3293	457	
1871	3382	559	15
1880	3396	570	
1890	3225	814	
1900	3507	1197	4
1910	3957	1406	3
1925	4433	1772	7
1939	4653	2064	56
1950	6076	3259	116
1961	6508	3583	113

Kronacher Besonderheiten – besondere Kronacher

Das alles überragende Fest in Kronach und im Frankenwald ist das Freischießen auf dem Schützenplatz, der Hofwiese. Einen ersten schriftlichen Hinweis auf Stadtschützen, also eine Art Verteidigungstruppe für die Stadt, aus Bürgern gebildet, finden wir bereits für das Jahr 1444. Die Kronacher zogen damals in die umliegenden Städte, um sich im Wettkampf mit den dortigen Schützen zu messen. Bis man aber in Kronach selbst einen solchen Wettbewerb abhielt, dauerte es noch etliche Jahre. Erst für das Jahr 1588 ist im Ratsprotokoll verzeichnet: „Puchsenschützen ist erlaubt worden, für sich selber ein Nachtbarlich gesellen Schiessen Anzufangen." Hier liegt also der Ursprung des Kronacher Freischießens. Ende des 17., Anfang des 18. Jahrhunderts scheint sich der sportliche Wettkampf zu einer Art Volksbelustigung weiterentwickelt zu haben, denn 1747 beschwerten sich Jesuiten über „so gefährliche Hoffwiesen lustbarkeit". 1778 bat dann die Schützencompagnie, daß das bisher nur alle paar Jahre stattfindende Freischießen nun jedes Jahr ausgetragen werden möge. Der Rat der Stadt erlaubte dies und verlieh dazu noch dem Schützenkönig das Recht auf ein (steuer-)freies Gebräu Bier. Seit 1817 standen schon mehrere Bierhütten mit Wänden aus Fichtenzweigen auf dem Festplatz, dann kamen Bratwurstbuden hinzu.

Seit 1870 ist es in Kronach üblich, das Freischießen regelmäßig im August abzuhalten, und zwar in der Woche von Mariä Himmelfahrt (15. August). Wichtiger Bestandteil bei diesem zehntägigen Fest ist der Schützenumzug am ersten Festsonntag, wobei auch der Bürgermeister mit den goldenen Ehrenketten, begleitet von den Stadtsoldaten, bis zum Schützenplatz mitmarschiert. Neben den offiziellen Teilen lockt aber vor allem die private Atmosphäre, die sich das Freischießen über die Jahre trotz wachsendem Festbetrieb erhalten hat. Kronacher von überall her kommen in dieser Zeit auf die Hofwiese; man sitzt in einer der Bierhütten zusammen, redet, ißt, trinkt…

Kulturell bietet Kronach sehr viel. Neben einer beträchtlichen Zahl von Ausstellungen, Musik- und Theaterveranstaltungen gibt es zwei große Museen, wie etwa das Frankenwaldmuseum, mit Sammlungen zur Stadtgeschichte, insbesondere Schützenscheiben und Waffen der Kronacher Büchsenmacher, zu Lorenz Kaim und Gottfried Neukam und der Reitzenstein'schen Uhrensammlung. Besonders hervorzuheben ist die „Fränkische Galerie", ein Zweigmuseum des Bayerischen Nationalmuseums, mit Werken von Veit Stoß, Hans von Kulmbach, Tilman Riemenschneider und – natürlich – Lucas Cranach d. Ä. Insgesamt zeigt die Fränkische Galerie nunmehr fünf Originalgemälde Cranachs; am bedeutendsten sind „Der alte Buhler" und „Christus und die Ehebrecherin". In den nächsten Jahren soll eine Verbindung zwischen den beiden auf der Festung untergebrachten Museen geschaffen und Rosenberg weiter als Kulturzentrum ausgebaut werden.

Lucas Cranach d. Ä. (1472–1553): „Christus und die Ehebrecherin" (Holztafelbild, als Dauerleihgabe der Bayerischen Staatsgemäldesammlungen in der Fränkischen Galerie der Festung Rosenberg)

Lucas Cranach d. Ä.

Der bedeutendste aus Kronach stammende Künstler wurde in unserer Stadt im Jahre 1472 geboren. Zusammen mit Albrecht Dürer ist er der wichtigste Maler der deutschen Renaissance, dessen Meisterschaft sich in seinen Holzschnitten und Kupferstichen genauso zeigt wie etwa in den Vorlagen für Prunkmedaillen im Auftrag seines Dienstherrn Friedrich III. des Weisen von Sachsen.

Über Cranachs Jugend und Leben in Kronach ist nichts tradiert, nur in einem Beleidigungsprozeß der Jahre 1495 bis 1498 gegen ihn und seine Familie wird sein Name erwähnt. Der eigentliche Name der Familie war wohl „Sunder", genannt „Maler"; Cranach nimmt erst später in der Fremde den Namen seiner Geburtsstadt an. Die Grundlagen des Malerhandwerks hat er offenbar bei seinem Vater Hanns erlernt, wie uns später sein Kronacher Vetter Matthias Gunderam, Magister der freien Künste und der Philosophie zu Wittenberg, berichtet. Lucas Cranach d. Ä. tritt erst mit 29 Jahren in Wien ins Licht der Kunstwelt. Seine frühen Werke überraschen durch ihre Erfindung, Ausdruckskraft und stilistische Vollendung. Bereits Ende 1504 zog Cranach von Wien nach Wittenberg, wo er im Dienst des Kurfürsten Friedrich des Weisen stand. Bis zu seinem Tode 1553 war er Hofmaler der sächsischen Kurfürsten. Seit Ende des zweiten Jahrzehnts des 16. Jahrhunderts verband ihn eine enge Freundschaft mit dem großen Reformator Martin Luther, den er in verschiedenen Werken darstellte. Auffallend bei Cranachs Bildern ist vor allem der hohe Wiedererkennungswert und ihre Wirklichkeitstreue, die schon Cranachs Zeitgenossen bewunderten. Es war dies der erste Versuch, sich von der spätgotischen Darstellungsweise zu lösen und den Menschen in den Mittelpunkt des Lebens zu stellen.

Neben der Malerei war Lucas Cranach d. Ä. aber auch anderweitig tätig: Er erwarb unter anderem eine Apotheke in Wittenberg, einen Weinausschank, war an einer Druckerei beteiligt und betrieb eine Buchhandlung. Auch am politischen Leben der Stadt beteiligte er sich, war viele Jahre hindurch Ratsherr und mehrfach sogar Bürgermeister von Wittenberg. Daneben aber unterhielt er weiter eine sehr gut florierende Malerwerkstatt mit vielen Gesellen, darunter auch seinen Söhnen Hans und Lucas Cranach d. J.

Maximilian von Welsch

Maximilian von Welsch war wohl eine der schillerndsten Persönlichkeiten unter den Baumeistern des 18. Jahrhunderts, zu seiner Zeit weitaus höher geehrt als heute, weswegen etwas ausführlicher über ihn berichtet werden soll.

Am 23. Februar 1671 wurde Johann Maximilian Welsch als Sohn des Kaufmanns Johann Baptist und seiner Frau Anna Maximiliana in Kronach getauft. In der Taufmatrikel heißt es: „1671 Herr Johann Baptista Weltsch, handelmann, Anna Maximiliana seine Haußfrau. Herr Johann Niclas Mahler bürgermeister und Obbey Castner hat's zur Tauff gehoben. Das Kind hat zween nahmen bekommen. Johann Maximilianus. 23. Februar 1671." Die Welsch waren eine alte Kronacher Bürgerfamilie, für die auch eine verwandtschaftliche Verbindung zur Familie Lucas Cranachs d. Ä. nachweisbar ist. Im Jahre 1676 siedelte der Vater Johann Baptist mit seiner Familie nach Bamberg um, wo er es bis zum Prokurator und Notar in fürstbischöflichen Diensten brachte.

Maximilian studierte in den Jahren 1690 bis 1692 an der „Academia Ottoniana" in Bamberg, einer von den Jesuiten geleiteten Hochschule. Sein Studium scheint ihn aber nicht zufriedengestellt zu haben, denn er wandte sich bald dem Militärdienst zu. Bereits Ende 1692 war er in bambergischen Diensten und seit 1695 im Regiment des Herzogs Friedrich II. von Sachsen-Gotha, einem Mietregiment. Mit dieser Truppe nahm er auf kaiserlicher Seite an verschiedenen Feldzügen in Savoyen, in Ungarn und Siebenbürgen als Ingenieuroffizier teil. Ende 1699 bis Ende Januar 1700 bereiste er zusammen mit Prinz Wilhelm von Sachsen-Gotha inkognito Frankreich, die Spanischen Niederlande und England.

Lucas-Cranach-Denkmal vor dem neuen Rathaus in Kronach, gestiftet vom Rotary-Club. An dieser Stelle befand sich wahrscheinlich das Geburtshaus von Lucas Cranach d. Ä.

Gesamtansicht der Festung Rosenberg

Kronach im Frankenwald Burgfeste Rosenberg ob Kronach. Noch unverdorben erhalten. Baubeginn 12. Jahrhundert.

Im Jahre 1704 begann dann sein großer Aufstieg. Lothar Franz Graf von Schönborn, der Fürstbischof von Mainz und Bamberg, nahm den gebürtigen Kronacher als Ingenieuroffizier in seine Dienste und ernannte ihn schließlich zum Bamberger Baudirektor. In dieser Funktion war Welsch auch für den baulichen Zustand der Festung Rosenberg verantwortlich.

Für seine Verdienste im Festungsbau erhielt er vom Kaiser 1714 den erblichen Adelstitel, stieg danach zum Oberingenieur der Reichsfestungen Philippsburg, Kehl und Breisach auf und erreichte im Lauf seiner Karriere die zweithöchste Militärposition im Kurfürstentum Mainz. Bei seinem Tod war Welsch Generalmajor, Regimentskommandeur und Direktor im Militärbauwesen.

Der Landesherr förderte aber auch Welschs Begabung für die Zivilarchitektur, und so erhielt er vom Fürstbischof sowie anderen Familienmitgliedern der Schönborn, aber auch von anderen Fürsten Aufträge. Der Baumeister wirkte für Georg August von Nassau-Idstein am Schloß in Biebrich und plante dem Fürstabt von Fulda die Orangerie. Für die Schönborn lieferte er z.B. Entwürfe zur Mainzer Favorite, plante und führte den Marstall von Schloß Weißenstein in Pommersfelden aus und gestaltete auch den Schloßgarten zu dieser Anlage. Noch ein Jahr vor seinem Tode reichte von Welsch Pläne für die Wallfahrtskirche Vierzehnheiligen ein; diese wurden aber – unter anderem – wegen ihrer Monumentalität nicht zur Ausführung gebracht.

Maximilian von Welsch war der Lehrer zahlreicher Architekten des 18. Jahrhunderts, z.B. von Johann Michael Küchel, Johann Valentin Thoman und Friedrich Joachim Stengel. Auch Balthasar Neumann verdankte ihm wohl einiges, vor allem aus der Zeit ihrer Zusammenarbeit für die Würzburger Residenz. Maximilian von Welsch verstarb hochgeehrt am 15. Oktober 1745 im Alter von 74 Jahren in Mainz.

Johann Kaspar Zeuß

Eine ebenfalls – zumindest in Deutschland – unterschätzte Persönlichkeit war Johann Kaspar Zeuß. Er wurde am 22. Juli 1806 als viertes von acht Kindern des Maurermeisters Michael Zeuß und seiner Ehefrau Margaretha in Vogtendorf, heute einem Stadtteil von Kronach, geboren. Seinen ersten Lateinunterricht bekam er beim Benefiziaten Gutperl auf dem Kreuzberg. Nach dem Besuch der Lateinschule in Kronach und des Gymnasiums in Bamberg war er eher einer wissenschaftlichen Laufbahn zugeneigt als Geistlicher zu werden, wie es seine Mutter wünschte. Er studierte zunächst in Bamberg, dann in München mit Schwerpunkt auf den philosophischen, theologischen und philologischen Fächern. Zunächst war er als Privatlehrer im Hause des Grafen Montgelas tätig, bevor er dann eine Stelle als Hebräischlehrer am Alten Gymnasium in München antrat, die ihm viel Zeit zum Forschen ließ. In diesen Jahren entstand sein erstes Werk, das 1837 erschien: *Die Deutschen und die Nachbarstämme*. Nach der Promotion in Erlangen erschien eine weitere Schrift: *Die Herkunft der Baiern von den Markomannen, gegen die bisherigen Muthmassungen bewiesen von Dr. K. Zeuß*.

Eine besondere wissenschaftliche Ehre wurde ihm zuteil, als er 1841 zunächst als korrespondierendes Mitglied der Philosophisch-Philologischen Klasse und 1842 als ordentliches auswärtiges Mitglied der Historischen Klasse in die Königlich Bayerische Akademie der Wissenschaften aufgenommen wurde. Im Jahre 1847 erhielt Zeuß einen Ruf als ordentlicher Professor der Geschichte an die Universität München. Aus gesundheitlichen Gründen ließ er sich aber noch im gleichen Jahr ans Lyzeum in Bamberg versetzen.

Die germanistischen und historischen Interessen traten bei Zeuß im Laufe der Zeit gegenüber einem neuen Themenbereich in den Hintergrund: Er wollte eine Grammatik des Keltischen schaffen. Diese in lateinischer Sprache verfaßte *Grammatica Celtica* veröffentlichte er 1853 in zwei Bänden mit ca. 1200 Seiten. Dieses Werk bildet die Grundlage seines noch heute vorhandenen wissenschaftlichen Ruhmes. Zeuß betont darin immer wieder die Verbindung von Sprach- und Geschichtswissenschaft und verlangt den Ausbau der vergleichenden Linguistik im Dienste der historischen Völkerkunde. Mit der *Grammatica Celtica* legte er die methodischen Grundlagen zur Erforschung der keltischen Sprache und zur Anwendung der Sprachwissenschaft auf Ethnologie und historische Forschung: Johann Kaspar Zeuß wurde zum „Vater der Keltologie". Johann Kaspar Zeuß verstarb am 10. November 1856 in seinem Heimatort Vogtendorf bei Kronach.

Kaspar-Zeuß-Denkmal im Stadtgraben, gestiftet vom Rotary-Club

Ausgewählte Literatur

Die Literatur und das Schrifttum zu Kronach sind sehr groß. Deswegen wird hier vor allem weiterführende spezielle Literatur der neueren und neuesten Zeit nachgewiesen.

Weitere Informationen lassen sich ohne Mühe aus: HERBERT SCHWARZ, Frankenwaldbibliographie, Kronach 1992, entnehmen. In diesem Band sind fast 4400 Titel zum Frankenwald und vor allem auch zu Kronach und seiner Umgebung zu finden. Grundlegend zur Beschäftigung mit Kronach und seiner Geschichte ist immer noch die Chronik von Kronach von Georg Fehn, die 1950 bis 1972 in sechs Bänden hier erschienen ist. Neueste Erkenntnisse zu Kronachs Geschichte, gerade auch im Bereich der Oral history, sind zu finden in der Zeitschrift des Vereins „1000 Jahre Kronach".

BJÖRN-UWE ABELS, Eine Militäranlage der Urnenfelderzeit (Heunischenburg), in: Verein für Heimatpflege Gehülz (Hg.), Haßlacherberg- und Gehülz-Gegend. Heimat im Umkreis der Heunischenburg, Kronach 1991, S. 28–35

TILMANN BREUER, Landkreis Kronach (Bayerische Kunstdenkmale XIX), München 1963

EDMUND FARRENKOPF, Festpredigt anläßlich der 300-Jahrfeier der Einweihung der Kapelle zum hl. Kreuz bei Kronach, Kronach 1945

GEORG FEHN, Chronik von Kronach, 6 Bde., Kronach 1950–1972

DERS., Das ehemalige Franziskanerkloster in Kronach, in: Bavaria Franciscana Antiqua, Bd. 1, Landshut 1954, S. 473–500

GREGOR FÖRTSCH, Eine mittelalterliche Turmburg mit Dorfstelle bei Friesen, in: Zeitschrift des Vereins „1000 Jahre Kronach", Heft 4, 2. Jg., 1992, S. 18–19

WALTER FOLGER, Glosberg, in: Marienlexikon, Bd. 2, St. Ottilien 1989, S. 656 f.

ERICH FRHR. V. GUTTENBERG UND ALFRED WENDEHORST, Das Bistum Bamberg, Teil II: Die Pfarreiorganisation (Germania Sacra Abt. 2, Bd. 1, 2), Berlin 1966, S. 217–229 [Pfarrei Kronach]

KRISTA HEINOLD-FICHTNER, Die Bamberger Oberämter Kronach und Teuschnitz. Territorialgeschichtliche Untersuchungen, in: 90. Bericht des Historischen Vereins Bamberg 1950, S. 95–278

JOACHIM HOTZ, Kronach. Kunst und Geschichte, Lichtenfels/Kronach 1958

GEORG HUMMEL, Das Bürger-Spital zu Kronach, seine Entstehung und ältere Geschichte, Kronach [1913]

MAX LINGG, Kultur-Geschichte der Diözese und Erzdiözese Bamberg seit Beginn des siebzehnten Jahrhunderts, Bd. 1, Kempten 1900

OTTO MEYER, Oberfranken im Hochmittelalter, Bayreuth ²1987

HEINZ MÜLLER, Die Festung Rosenberg, in: Frankenland 4, 1992, S. 115–117

MICHAELA NEUKUM, Das Frankenwald-Museum – ein Museum mit Geschichte und Zukunft, in: Frankenland 4, 1992, S. 124–127

RUDOLF PFADENHAUER, Geschichte der Stadt Teuschnitz von den Anfängen bis zur Säkularisation, Ludwigstadt 1990

WERNER RANZENBERGER, Reformation und Gegenreformation in den Pfarreien des mittleren und oberen Haßlachgrundes, in: Heimatgeschichtliches Jahrbuch des Landkreises Kronach 15, 1985, S. 95–149

ELISABETH ROTH (Hg.), Oberfranken im Spätmittelalter und zu Beginn der Neuzeit, Bayreuth 1979

DIES. (Hg.), Oberfranken in der Neuzeit bis zum Ende des Alten Reiches, Bayreuth 1984

DIES. (Hg.), Oberfranken im 19. und 20. Jahrhundert, Bayreuth 1990

HUBERT RUß, Die Edelfreien und Grafen von Truhendingen, Neustadt a. d. Aisch 1992

WALTER SAGE (Hg.), Oberfranken in vor- und frühgeschichtlicher Zeit, Bayreuth 1986

HANS-JÜRGEN SCHMITT, Probleme der Frühgeschichte Kronachs, in: Geschichte am Obermain 7, 1971/72, S. 45–50

HERBERT SCHWARZ, Der Kronacher Barockbaumeister Maximilian von Welsch. Sein Leben und Werk, Helmbrechts/Kronach 1977

COELESTINUS und HIERONYMUS STÖHR, Neue Chronick der Stadt Cronach, Cronach 1825, Neudruck Kronach 1987

ROBERT WACHTER, Das „Jüngste Gericht" von Kronach, in: Zeitschrift des Vereins „1000 Jahre Kronach" Heft 2, 2. Jg., 1992, S. 26–28

HEINRICH WEBER, Kronach in der Geschichte, Kronach 1885

HERMANN WICH, Kronacher Büchsenmacher. 17.–19. Jahrhundert. Katalog zur Sonderausstellung im Frankenwaldmuseum Festung Rosenberg Kronach, 23. Juli–8. September 1991, Kronach 1991

DERS., Ein Festungsplan aus dem Jahre 1758, in: Zeitschrift des Vereins „1000 Jahre Kronach", Heft 1, 1. Jg., 1991, S. 24–26, Heft 2, 2. Jg., 1992, S. 10–11, Heft 3, 2. Jg., 1992, S. 23

DERS., Der Kriegsgefangene Charles de Gaulle, in: Zeitschrift des Vereins „1000 Jahre Kronach", Heft 4, 2. Jg., 1992, S. 10–13

DERS., Die Geschichte der Stadt Kronach, in: Frankenland 4, 1992, S. 108–114

Ders., Artikelserie zum Dreißigjährigen Krieg in Kronach, in: „Fränkischer Tag" und der „Neuen Presse". Bisher erschienen sind Beiträge zu Ereignissen der Jahre 1632 und 1633.

Bernd Wollner, Maximilian von Welsch, in: Frankenland 4, 1992, S. 121–122

Ders., Johann Kaspar Zeuß – Begründer der Keltologie, in: Frankenland 4, 1992, S. 123–124

Ders., Die Fibel von Friesen, in: Zeitschrift des Vereins „1000 Jahre Kronach" Heft 4, 2. Jg., 1992, S. 23

Anläßlich der Landesausstellung „Lucas Cranach d. Ä. – ein Maler-Unternehmer aus Franken" in Kronach 1994 wird neben einem ausführlichen Katalog ein Aufsatz- und Quellenband zur Geschichte Kronachs bis um 1500 erscheinen, zusammengestellt vom Haus der Bayerischen Geschichte.

Bildnachweis

BAYERISCHE STAATSGEMÄLDESAMMLUNGEN, München
Seite 60 (Foto: Städtisches Verkehrsamt Kronach)

BAYERISCHES HAUPTSTAATSARCHIV, München
Schutzumschlag und Vorsatz (Plansammlung 2641)

BAYERISCHES LANDESAMT FÜR DENKMALPFLEGE, Archäologische Außenstelle für Oberfranken, Bamberg, Schloß Seehof, Memmelsdorf
Seite 12

BAYERISCHES LANDESVERMESSUNGSAMT, München
Seite 8

BAYERISCHES NATIONALMUSEUM, München
Seite 51 (Foto: Ingeborg Limmer, Bamberg)

ACHIM BÜHLER, Küps
Seite 54

FRANKENWALDMUSEUM, Kronach
Seiten 18, 25, 26 unten, 27, 29, 30 (Fotos: Achim Bühler, Küps), 33 (Fotos: A. Bühler), 34 und 35 (Fotos: A. Bühler), 36 und 37 (Fotos: A. Bühler), 39, 40 (Foto: A. Bühler), 41 und 42 (Fotos: A. Bühler), 43, 45, 46, 62

GERMANISCHES NATIONALMUSEUM, Nürnberg
Seite 23

ULRICH HOFFMANN, Gundelsheim
Seite 13

INGEBORG LIMMER, Bamberg
Seite 52

STAATSARCHIV BAMBERG
Seiten 19 (Bamberger Differenzakten, B 46a, Nr. 2969), 21 (Karten und Pläne, A 240, R 668), 48 (Bamberger Urkunden, Nr. 744)

STAATSBIBLIOTHEK BAMBERG
Seiten 5 (VIII.A.92), 24 (V.C.93c), 26 oben (V.C.93g)

STADTARCHIV KRONACH
Seiten 15, 28 (Foto: Achim Bühler, Küps)

STEFAN WICKLEIN, Kronach
Seiten 10, 61, 63

Die Autoren

Franz Machilek ist 1934 in Auspitz (Südmähren) geboren. Er studierte Geschichte, Theologie und Germanistik vor allem an der Universität München. Nach der Promotion zum Dr. phil. (1963) trat er in den staatlichen bayerischen Archivdienst ein und war seit 1968 in fränkischen Archiven tätig, zunächst am Staatsarchiv Nürnberg, seit 1982 als Leiter des Staatsarchivs Bamberg. In den Jahren 1982 bis 1989 nahm er einen Lehrauftrag für Archivkunde an der Otto-Friedrich-Universität Bamberg wahr, seit 1989 ist er Honorarprofessor für Mittelalterliche Geschichte und historische Hilfswissenschaften an dieser Universität. Schwerpunkte seiner wissenschaftlichen Arbeit sind die Kirchen- und Geistesgeschichte des späten Mittelalters und der frühen Neuzeit mit besonderer Berücksichtigung der Verhältnisse in den böhmischen Ländern sowie die fränkische Landesgeschichte.

Neben seiner Dissertation über „Ludolf von Sagan und seine Stellung in der Auseinandersetzung um Konziliarismus und Hussitismus" (Druck 1967) verfaßte er eine große Zahl von wissenschaftlichen Aufsätzen sowie von Beiträgen zu historisch-theologischen Nachschlagewerken und Ausstellungskatalogen. Er ist Wahlmitglied mehrerer wissenschaftlicher Gesellschaften, darunter der Gesellschaft für fränkische Geschichte, des Johann-Gottfried-Herder-Forschungsrates, des Collegium Carolinum sowie der Historischen Kommissionen der Sudetenländer und für Schlesien.

Bernd Wollner ist 1959 in Kronach geboren. Er besuchte die Volksschule in Küps und Kronach und das Kaspar-Zeuß-Gymnasium in Kronach.

Danach schloß sich das Studium der Geschichte, Latinistik und Sozial- und Wirtschaftsgeschichte in Bamberg an. 1986 promovierte er in Alter Geschichte mit einer Arbeit über „Die Kompetenzen der karthagischen Feldherrn".

Nach seiner Tätigkeit als wissenschaftlicher Mitarbeiter im Historischen Museum in Bamberg (unter anderem Bearbeitung einer bedeutenden Münzsammlung) ist Bernd Wollner zur Zeit in Kronach mit der Koordinationsstelle der Stadt Kronach für die Landesausstellung 1994 „Lucas Cranach d. Ä. – ein Maler-Unternehmer aus Franken" betraut. Er ist außerdem Schriftleiter der Zeitschrift des Vereins „1000 Jahre Kronach". Neben Aufsätzen in dieser Zeitschrift ist er vor allem als Spezialist für Fundmünzenbestimmung und durch diverse numismatische Veröffentlichungen bekannt.

Dank

Für vielfältige Unterstützung bei der Entstehung dieses Buches sei dem Kronacher Stadtarchivar, Herrn Hermann Wich, und der Leiterin des Frankenwaldmuseums in Kronach, Frau Michaela Neukum, M. A., gedankt; ebenso Herrn Dr. Johannes Erichsen vom Haus der Bayerischen Geschichte für die Überlassung von bisher unpublizierten Forschungsergebnissen zur Kronacher Stadtwerdung. Frau Ingeborg Limmer (Bamberg), die Herren Alfons Steber (Staatsbibliothek Bamberg), Stefan Wicklein (Kronach) und Achim Bühler (Küps) haben sich durch ihre Vorschläge für die Bildausstattung Verdienste erworben. Der Dank gilt weiterhin den Initiatoren dieses Buches, dem Vorstand der Sparkasse Kronach-Ludwigstadt, insbesondere Herrn Sparkassendirektor Ludwig Schoberer, sowie den Herausgebern, Herrn Verbandsdirektor Manfred Pix vom Bayerischen Sparkassen- und Giroverband und Herrn Professor Dr. Konrad Ackermann. Frau Karin Dechow und Herr Wilfried Sehm vom Deutschen Sparkassenverlag sowie Herr Kunibert Welscher von der Sparkasse Kronach-Ludwigstadt übernahmen die Gestaltung, Redaktion und Koordination des Bandes. Herrn Dr. Ingo Krüger gilt Dank für die wissenschaftliche Betreuung.

Durch ihre Geleitworte haben der Bürgermeister der Stadt Kronach, Herr Manfred Raum, und der Landrat des Landkreises Kronach, Herr Dr. Werner Schnappauf, ihr besonderes Interesse an der vorliegenden Publikation bekundet.

Allen Genannten und Ungenannten danken die Herausgeber der Reihe „Bayerische Städtebilder" und die Verfasser dieses Bandes sehr herzlich.